高职高专互联网+新形态教材·财会系列

ERP 沙盘模拟企业经营
(微课版)

王虹英　主　编

刘　茹　张　双　副主编

清华大学出版社

北京

内 容 简 介

本书是活页式新形态教材，依托用友ERP沙盘模拟经营商战平台，以用友创业者的经营规则设计教材内容。全书共分五个模块：ERP沙盘模拟经营思想培育、ERP沙盘模拟经营实操入门、ERP沙盘模拟经营实战对抗、ERP沙盘模拟经营实战深化、ERP沙盘模拟经营理论提升，遵循"思想培育—实操入门—实战对抗—实战深化—理论提升"的编写思路，用思想引导行动，体现先实操后理论的学习方式。

本书的适用对象不受专业限制，适合中职、高职院校的大学教师授课和学生自学使用，也适合企业团建对象使用。

本书封面贴有清华大学出版社防伪标签，无标签者不得销售。
版权所有，侵权必究。举报：010-62782989，beiqinquan@tup.tsinghua.edu.cn。

图书在版编目(CIP)数据

ERP沙盘模拟企业经营：微课版/王虹英主编．—北京：清华大学出版社，2022.7
高职高专互联网+新形态教材·财会系列
ISBN 978-7-302-61250-6

Ⅰ.①E… Ⅱ.①王… Ⅲ.①企业管理—计算机管理系统—高等职业教育—教材 Ⅳ.①F270.7

中国版本图书馆CIP数据核字(2022)第119012号

责任编辑：梁媛媛
封面设计：刘孝琼
责任校对：徐彩虹
责任印制：杨 艳

出版发行：清华大学出版社
网　　址：http://www.tup.com.cn, http://www.wqbook.com
地　　址：北京清华大学学研大厦A座　　邮　编：100084
社 总 机：010-83470000　　邮　购：010-62786544
投稿与读者服务：010-62776969, c-service@tup.tsinghua.edu.cn
质量反馈：010-62772015, zhiliang@tup.tsinghua.edu.cn
课件下载：http://www.tup.com.cn, 010-62791865

印 装 者：小森印刷霸州有限公司
经　　销：全国新华书店
开　　本：185mm×260mm　　印　张：14.75　　字　数：368千字
版　　次：2022年8月第1版　　　　　　　　印　次：2022年8月第1次印刷
定　　价：48.00元

产品编号：093194-01

前　言

新技术的变化，导致企业对财务人员的需求由记账、算账向管理型人才转变，要求教材改变传统学科式，向任务清单式的活页式、手册式转变，以适应教学模式、教学方法的改变。"ERP沙盘模拟企业经营"课程让学生通过实操来体验一个制造企业的经营业务流程，经营过程中将物流、资金流和信息流统一起来，体会收入、成本与利润之间的关系，深刻领会ERP思想；明确资金管理的本质是建立良性的资金循环以及如何利用债务资金；明晰业务与财务的关系，从而确立财务、业务、信息技术三位一体的业财融合理念，有利于帮助学生明确学习方向和职业发展方向。

1. **本书编写的平台与规则**

本书依托的是用友ERP沙盘模拟经营商战平台，经营规则是用友创业者的经营规则，之所以如此设计，是因为商战平台比创业者平台更适用，可以根据学生的情况，上传需要的规则和市场预测数据，界面也更美观；而创业者的规则相对容易，更加适合课堂教学。将两者结合起来，可以在一周的教学时间内完成教学，能够实现学生体验对抗、提升经营理念的目的。

2. **本书编写的特点**

(1) 从编写形式看，本书属于活页新形态教材，适合职业教育改革的新形势，有利于推动"教师、教材、教法"改革，实施以学生为主体的体验式教学模式。

(2) 从模块来看，本书体现先实操后理论的思想。教材遵循"思想培育—实操入门—实战对抗—实战深化—理论提升"的编写思路，用思想引导行动，实施先实操后理论的学习方式。

(3) 本书的设计理念，一是以做为中心、以学生为主体。先让学生实操，在实操的过程中渗透规则、理念，快乐主动地学习。二是任务设计也体现先实操后理论的理念，在实操中学习消化并得到提升。三是实战对抗设计，以角色扮演的方式达到学习的体验，实现学习消化并提升的目的。

(4) 基于职业能力设计清单式任务。每个学习任务设计了"接任务单"和"任务评价"，明确学习的要求；并通过"任务思考"促进学生发散思考，拓展其思维，培养其管理意识，进而培育业财融合的理念。

(5) 融入思政元素。思政元素贯穿于整个教材，在每个学习任务和子任务的"接任务单"环节设计思政元素，在"任务思考"和"任务评价"两个环节强化对思政元素的理解和接受，教师可以根据教学需要，采取多种形式进行思政教学。

3. **适用对象**

本书的适用对象不受专业限制，适合中职、高职院校、大学教师授课和学生自学使用，也适合企业团建对象。

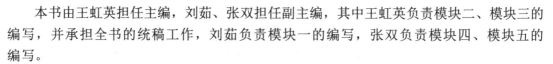

本书由王虹英担任主编，刘茹、张双担任副主编，其中王虹英负责模块二、模块三的编写，并承担全书的统稿工作，刘茹负责模块一的编写，张双负责模块四、模块五的编写。

由于编者水平有限，书中难免有不足之处，恳请广大读者提出宝贵意见，以便再版时修正、完善。

编　者

目　　录

模块一　ERP 沙盘模拟经营思想培育 1

　　学习任务 1-1　确立 ERP 思想 2
　　　　一、认知 ERP 思想 2
　　　　二、知悉 ERP 系统内容 3
　　学习任务 1-2　树立业财融合理念 7
　　　　一、如何理解业财融合 8
　　　　二、熟识业财融合的三个维度 9
　　　　三、如何提升业财融合能力 10
　　学习任务 1-3　培育团队合作意识 15
　　　　一、组建 ERP 模拟经营团队及角色职责 15
　　　　二、培养团队合作意识 19
　　小结 23

模块二　ERP 沙盘模拟经营实操入门 25

　　　　一、教师端基本操作 26
　　　　二、学生端基本操作 30
　　学习任务 2-1　召开新年度规划会议 33
　　　　一、解读 ERP 沙盘模拟经营流程表 33
　　　　二、召开年度规划会议 36
　　学习任务 2-2　建设投资 45
　　子任务 2-2-1　购租厂房 46
　　　　一、接购租厂房任务单 46
　　　　二、购租厂房实操 46
　　　　三、购租厂房规则解读 47
　　　　四、厂房贴现 47
　　　　五、厂房处理 48
　　　　六、厂房购租常见问题解答 48
　　　　七、厂房购租学习自测 49
　　子任务 2-2-2　建设生产线 50
　　　　一、接建设生产线任务单 50
　　　　二、建设生产线实操 50
　　　　三、建设生产线规则解读 51
　　　　四、生产线建设常见问题解答 54
　　　　五、建设生产线学习自测 54
　　子任务 2-2-3　研发产品 56

一、接研发产品任务单 56
　　二、研发产品实操 56
　　三、研发产品规则解读 57
　　四、研发产品常见问题解答 57
　　五、研发产品学习自测 58
子任务 2-2-4　开拓市场 59
　　一、接开拓市场任务单 59
　　二、市场划分与市场准入 59
　　三、ISO 认证 61
　　四、开拓市场学习自测 63
学习任务 2-3　经营日常业务 67
子任务 2-3-1　采购原材料 68
　　一、接采购原材料任务单 68
　　二、原材料入库/更新原材料订单 68
　　三、下原材料订单 69
　　四、采购原材料常见问题解答 71
　　五、采购原材料学习自测 72
子任务 2-3-2　生产产品与按订单交货 73
　　一、接生产产品任务单 73
　　二、生产产品实操与规则解读 73
　　三、更新应收账款实操与规则解读 74
　　四、提交订单交货实操与规则解读 75
　　五、生产产品与按订单交货问题答疑 75
　　六、生产产品与按订单交货学习自测 76
学习任务 2-4　融资与编制年度现金预算 79
　　一、短期贷款实操 79
　　二、长期贷款实操 81
　　三、应收账款贴现实操 84
学习任务 2-5　编制年度报表 87
　　一、编制综合费用表 88
　　二、编制利润表 89
　　三、编制资产负债表 90
学习任务 2-6　投放广告与参加订货会 93
　　一、投放广告 93
　　二、订单解读 94
　　三、参加订货会选择订单 95
小结 101

模块三　ERP 沙盘模拟经营实战对抗 103
　　一、组建沙盘模拟经营团队 104

二、ERP 沙盘模拟经营对抗前的思想准备..104
　　三、实战对抗经营业绩考核..105
学习任务 3-1　模拟经营第一轮实战对抗..107
　　一、完成第一年的模拟对抗经营..107
　　二、完成第二年的模拟对抗经营..111
　　三、完成第三年的模拟对抗经营..114
　　四、完成第四年的模拟对抗经营..118
　　五、完成第五年的模拟对抗经营..122
　　六、完成第六年的模拟对抗经营..126
学习任务 3-2　模拟经营第二轮实战对抗..133
　　一、完成第一年的模拟对抗经营..133
　　二、完成第二年的模拟对抗经营..137
　　三、完成第三年的模拟对抗经营..141
　　四、完成第四年的模拟对抗经营..144
　　五、完成第五年的模拟对抗经营..148
　　六、完成第六年的模拟对抗经营..152
小结..159

模块四　ERP 沙盘模拟经营实战深化...161

学习任务 4-1　深化新年度规划会议..162
　　一、新年度规划会议的直接成果是企业经营规划书..162
　　二、新年度规划会议的法则..163
学习任务 4-2　提炼建设投资技巧..169
　　一、购租厂房的选择..169
　　二、生产线的性价选择..171
　　三、产品研发投资与生产线建设协调..173
学习任务 4-3　梳理日常经营策略..177
　　一、原材料订单与入库管理..177
　　二、订单灵活提交..178
　　三、紧急采购的利用..179
　　四、应付所得税的计算与支付..179
　　五、参加订货会订单的选择..181
学习任务 4-4　优化融资策略..185
　　一、滚动短期贷款，以贷养贷..186
　　二、分期长期贷款策略..186
　　三、主动贴现策略..186
小结..191

模块五　ERP 沙盘模拟经营理论提升...193

学习任务 5-1　解读企业经营本质..194

　　　　一、确定企业经营目标..194
　　　　二、解读企业经营本质..195
　　学习任务 5-2　管理企业现金流...201
　　　　一、分类企业的现金流..201
　　　　二、编制现金预算表——现金流管理的工具..203
　　学习任务 5-3　实施生产过程的计划管理...209
　　　　一、制造资源计划..209
　　　　二、企业资源计划..213
　　　　三、适时生产方式..215
　　小结..221

附录　ERP 沙盘模拟经营规则导入..223

参考文献..228

模块一 ERP 沙盘模拟经营思想培育

【内容导学】

在 ERP 模拟企业经营中，ERP 思想贯穿始终。ERP 思想把物流、信息流、财流和人流统一起来管理，以系统的观念来经营企业。这与当下倡导的财务、业务与信息技术三位一体的业财融合思想相吻合。企业财务人员必须懂业务才能做好本职工作，职业路径发展才能持续。同时，课程要求按照角色组建团队，团队成员不仅要履行自己的职责，而且必须了解公司的整体运营，这样才能获取最大的利润。成员的通力合作非常重要，团队合作意识是学习、工作、职业发展过程中必须具备的素质。本学习模块通过确立 ERP 思想、树立业财融合理念和培育团队合作意识来指导 ERP 沙盘模拟经营，同时培养学生良好的职业素养，为他们职业发展之路奠定素质基础。

【思维导图】

本模块分三个学习任务，如图 1-1 所示。

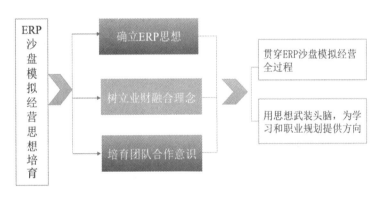

图 1-1 模块一思维导图

【微课视频】

扫一扫，获取本模块相关微课视频。

1-1 确立 ERP 思想

1-2 树立业财融合理念

1-3 培育团队合作意识

学习任务 1-1　确立 ERP 思想

【接任务单】

本学习任务的任务清单如表 1-1 所示。

表 1-1　确立 ERP 思想任务单

学习任务	确立 ERP 思想
职业能力	能够用 ERP 思想指导模拟经营并能够运用到实际工作中
学习目标	掌握 ERP 思想的核心，能够理解并描述出来
资讯方式	1.教师提供；2.互联网查询；3.学生交流
学习内容	1.ERP 思想的核心； 2.ERP 的特点； 3.ERP 系统的内容
思政元素	依据 ERP 思想，确立系统思想，树立整体观念，明确个人在集体中的位置，进而思考命运共同体理念，培养家国情怀
学习方式	教师引导，学生相互讨论，以交流的形式完成学习

【学习指导】

一、认知 ERP 思想

20 世纪 30 年代以前，企业为了防止缺料断货而多备库存，导致公司成本增加；同时又想减少库存积压，加快资金的周转，提高资金的利用率，于是用再订货点法来解决这个矛盾。但是，公司生产所需的各种物料之间是有一定配比关系的，再订货点法只考虑了单个物料，却没有考虑物料之间的相互联系。比如一个汽车底盘一定要配四个轮子，如果库存中只有三个轮子，或者有五个轮子但却一个汽车底盘也没有，就是库存结构不合理，会造成库存的积压。再订货点法没有真正解决企业在生产过程中遇到的矛盾。

20 世纪六七十年代，随着计算机的发展与普及，使得短时间内对大量复杂数据的计算成为可能，人们相继提出了物料需求计划，为解决采购、库存、生产、销售管理的生产计划与控制系统；80 年代，随着网络技术的逐渐发达，企业内部信息充分共享，各子系统统一形成了一个集采购、库存、生产、销售、财务、工程技术为一体，实现了物流与资金流的整合，演变为一种企业全面经营集成优化的信息系统，即制造资源计划。90 年代，计算机技术和供应链管理的需求推动了企业在各类管理信息系统的发展和变革，使制造资源计划发展成为有效利用和管理整体资源的思想，即企业资源计划(Enterprise Resource Planing，ERP)。

企业资源计划是把公司的物流、资金流、信息流统一起来进行管理，以求最大限度地利用公司现有资源，实现公司经济效益的最大化。ERP 主要是在制造资源计划的基础上，将公司管理的其他诸多方面考虑进来，并将管理视野从公司内部扩展到公司外部，通过加强与客户、供应商、各种合作伙伴的联系和协作，使公司及公司所在的外部供应链的运行效率得以提高，运行成本得以降低，公司同其他利益相关者得以实现双赢或多赢。

ERP 的特点具体包括以下两点。

1. ERP 是一种管理思想

通过前馈的物流和反馈的信息流和资金流，把客户需求、企业内部的制造各环节以及供应商和分销商等所有企业资源整合在一起，体现了以客户为中心的"供应链"管理思想，满足企业利用一切社会资源，快速高效地进行企业生产经营的需要。

ERP "供应链"管理思想具体体现在两个方面：①整合制造商、供应商及客户资源。将客户需求和企业内部的制造活动以及供应商的制造资源整合在一起，体现了完全按用户需求制造的思想，这使得企业适应市场与客户需求快速变化的能力增强。②社会供应链即企业制造流程。将制造型企业的制造流程看作是一个在全社会范围内紧密连接的供应链，其中包括供应商、制造工厂、分销网络和客户等。

所以，ERP 管理思想也是系统管理思想。

2. ERP 是一种资源管理系统

集企业先进管理理念、业务流程、基础数据、人力物力、计算机软件硬件于一体，强调供应链管理，ERP 的宗旨是将企业各个方面的资源充分调配和平衡，使企业在激烈竞争的市场中，全方位地发挥足够的力量，取得最好的经济效益。

二、知悉 ERP 系统内容

在公司中，一般的管理主要包括三个方面的内容：财务管理(会计核算、财务管理)、生产控制管理(计划、制造)和物流管理(分销、库存、采购管理)。这三大系统相互之间有较深的联系，能够很好地整合在一起以对公司进行管理。随着公司对人力资源管理重视程度的提高，已经有越来越多的 ERP 厂商将人力资源管理纳入 ERP 系统并成为一个重要组成部分。

(一)财务管理模块

公司中，清晰分明的财务管理是极其重要的，所以在 ERP 整个方案中它是不可或缺的一部分。ERP 中的财务模块与一般的财务软件不同，作为 ERP 系统的一部分，它和系统的其他模块有相应的接口，能够相互集成。比如，它可将由生产活动、采购活动输入的信息自动记入财务模块生成总账、会计报表，取消了输入凭证的烦琐过程，几乎完全替代了以往传统的手工操作。一般的 ERP 软件的财务部分分为会计核算与财务管理两大块。会计核算主要是记录、核算、反映和分析资金在公司经济活动中的变动过程及其结果。它由总账、应收账、应付账、现金、固定资产、多币制等部分构成。财务管理主要是对基于会计核算的数据加以分析,从而进行相应的预测、管理和控制活动。它侧重于财务计划、控制、分析和预测。

(二)生产控制管理模块

这一部分是 ERP 系统的核心所在,它将公司的整个生产过程有机地结合在一起,使公司能够有效地降低库存、提高效率。同时,各个原本分散的生产流程的自动连接,也使生产流程能够前后连贯地进行,避免出现生产脱节、耽误产品交货时间的情况。

生产控制管理是一个以计划为导向的先进的生产管理方法。首先,公司确定一个总生产计划,再经过系统层层细分后,下达到各部门去执行。即生产部门依此生产,采购部门按此采购。生产控制管理包括生产计划、物料需求计划、能力需求计划、车间控制、制造标准等内容。

(三)物流管理模块

物流管理模块主要包括分销管理、库存控制、采购管理等方面的内容。

分销管理是从产品的销售计划开始,对其销售产品、销售地区、销售客户等各种信息的管理和统计,并可对销售数量、金额、利润、绩效、客户服务作出全面的分析。

库存控制工作的内容是控制存储物料的数量,以保证稳定的物流,并支持正常的生产,但又最小限度地占用资金。

采购管理工作的内容是确定合理的订货量,选择优秀的供应商和保持最佳的安全储备。它能够随时提供订购、验收的信息,跟踪和催促外购或委外加工的物料,保证货物及时到达;建立供应商的档案,用最新的成本信息来调整库存的成本。

(四)人力资源管理模块

以往的 ERP 系统基本上都是以生产制造及销售过程(供应链)为中心的。因此,长期以来一直把与制造资源有关的资源作为公司的核心资源进行管理。但近年来,公司内部的人力资源,开始越来越受到公司的关注,并被视为公司的资源之本。在这种情况下,人力资源管理作为一个独立的模块,被加入到 ERP 系统中来,与 ERP 中的财务、生产系统组成了一个高效的、具有高度集成性的公司资源系统。

【任务思考】

1. ERP 能解决企业的什么问题?
2. ERP 思想对我们有哪些帮助?
3. 系统整体观念的确立对我们的人生观、价值观和世界观有什么样的影响?

【任务评价】

本学习任务的评价清单如表 1-2 所示。

表 1-2　确立 ERP 思想学习任务评价

学习任务	确立 ERP 思想		
学习目标	掌握 ERP 思想的核心，能够理解并描述出来，并应用于模拟经营和实际工作中		
学习结果描述	1.描述 ERP 思想的核心。 2.说说 ERP 的特点。 3.正确理解 ERP 思想。 4.思政元素：描述个人与国家的关系。		
学习反思			
学习评价	自评：	互评：	教师评价：

学习任务 1-2　树立业财融合理念

【接任务单】

本学习任务的任务清单如表 1-3 所示。

表 1-3　确立业财融合思想任务单

学习任务	确立 ERP 思想
职业能力	能够用业财融合理念理解 ERP 模拟经营，并能够以此理念为指导有目的、有方向地规划、安排学习生活和职业生涯
学习目标	掌握业财融合的核心，充分理解业财融合的实质
资讯方式	1.教师提供；2.互联网查询；3.学生交流
学习内容	1.业财融合的背景； 2.业与财之间的关系； 3.业与财的融合； 4.业财融合的三个维度； 5.如何培养业财融合的能力
思政元素	在财务处理过程中，业与财的融合可以充分利用企业资源，提高企业整体经济利益。这不仅有利于企业，也有利于社会、有利于国家
学习方式	教师引导，学生相互讨论，以交流的形式完成学习

【学习指导】

业财融合是业务与财务融合的简称，是指业务发展与财务管理相结合，业务和财务融为一体，从企业的整体角度去思考业务开展是否符合集团发展的目标方向。

从业务部门来说，在业务开展的全过程中，要有经营思维和风险意识，要清晰地认识到业务开展需要为公司创造价值和利润，控制和规避风险，减少损失。

从财务部门来说，要深入到业务活动中，特别是将财务管理前移到业务前端，通过对数据的预测和分析，反馈给业务部门及决策层，使企业的管理决策更加科学；同时，通过把握业务流程的关键控制点和潜在风险点，实施有针对性的改进，降低运营风险。

大数据时代，智能财务的推行让业财融合成为大势所趋。实际上，在 20 世纪 80 年代，以美国为首的管理会计学者和专家，就已经总结了非常多的"业财融合"工具。例如大家非常熟悉的平衡计分卡(BSC)和作业成本法(ABC)。平衡计分卡的四个维度(财务、客户、内部运营、学习与成长)，只有一个维度是财务，其他三个维度都涉及业务过程，而且重点强调的也是业务过程。目前，平衡计分卡有了最新的发展，就是在这四个维度里加入了创新的元素。将更多的业务元素融入到财务中将是"业财融合"的一个必然趋势。作业成本法要解决的是成本分摊问题,它的核心在于从业务流程的规划设计环节就开始进行成本管控,是一种由财务向业务进行延伸的表现。

一、如何理解业财融合

企业的组织运营及价值创造过程大体可分为业务经营与组织管理两大系统。其中,业务经营构成组织运营的总体框架,包括市场调研、产品研发与设计、要素采购、生产制造、产品销售、售后服务等价值链环节;组织管理则是基于组织规模、职能分工等因素而建立的各项专业管理体系(如人力、法律、财务等)。它们共同支撑组织发展和价值创造。

所谓"业"不仅是指业务,也不仅是包含研发、采购、生产、销售等价值链环节的一种商业运作行为,而应该是为了确保商业组织成功运营所开展的全部工作。从战略规划的制定与执行,到经营计划的制订,再到具体的商业运作活动,这三者完整地构成了业的概念。

所谓"财"也不仅仅是指财务会计或特指管理会计,而应该是一种"大会计"和"大财务"的概念。首先,它是一种信息体系,企业可通过处理、分析相应的会计信息,去预测整个业务运作过程;其次,它是一种资本、资金的运作过程;最后,它含有组织控制的概念。"财"其实可理解为是一个对信息、资本及其管理进行控制的过程。

(一)"业"和"财"之间又有怎样的关联呢?

以菜贩卖菜为例,菜贩卖菜这一商业行为,包含挖菜、洗菜、卖菜等环节。那么菜要卖多少钱才合适呢?产品如何定价才能不亏钱呢?这些必然要经过测算成本来确定。而测算成本本身就是一种预判行为,体现了财务的预判价值。

这一小案例说明业务和财务本身是一体的。广义上的财务管理体系总是伴随业务经营而同步发挥作用,包括财务战略、投融资安排、现金流计划与控制、信息提供与决策支持、风险管理等。没有业务经营就谈不上财务管理;反之,没有财务管理也谈不上经济有效的业务运营。换而言之,业与财就是一枚硬币的两面,其本身就是天然融合的。

随着企业规模的扩大,商业运作行为的规范,企业职能分工的细化,导致了业财在某种程度上的人为割裂。在实践中,由于很多企业过于强调职能管理的专属性、专业性,甚至部分管理者误将业务与财务的管理分工当作管理目的而非实现组织整体目标的手段。这在很大程度上阻隔了组织之间的合作、交流和信息流动,从而使一家企业被肢解成形色各异的制度化铁笼子,各个部门之间守着自己的"一亩三分地",为了部门利益而博弈,异化了管理初心,导致部门间的合作和交流越来越少,管理越来越低效。

业界重提"业财融合",并非只是管理会计发展背景下的时代需要,更多的是为了重新唤起业界对商业行为的理解,重新回归管理本源:为业务发展而管理,为价值创造这一终极目标而融合管理,为打破职能壁垒,增加组织内外协调、协作和共生性而管理。

(二)该如何理解"业财融合"中的"融合"呢?

业财在进行融合时,主要体现如下三个特征。

(1) 从上述菜贩卖菜案例中就可以发现,业务与财务"融合"是一个同步的概念,并不存在滞后性。同时,它是一种包含事前、事中、事后的全方位、全过程融合。也就是说,在企业经营过程中,无论是战略的规划与执行、业务计划的制订,还是具体业务活动的开展,始终都发生着业财融合,而且这种融合并不是板块式、机械式的,而是一种水乳交融式的有机融合。

(2) "业财融合"是一个既相互支撑又相互制约的概念,通过客户价值、股东价值的相互对应达到平衡。

对企业来说,股东和客户是企业众多利益相关者中两个最核心的角色。公司管理在某种程度上,也可以看作是在公司治理框架下,由管理层主导并以客户、股东两个维度构建且相互交融的业务经营体系、财务管理体系,如同"资产=负债+所有者权益"这一会计等式一样,公司在某种程度上也可看作围绕"客户满意(业务经营体系,总经理主导)=股东满意(财务管理体系,CFO 主导)"这一等式展开经营、管理的法律实体。

基于此,业财融合可以上升为一家公司的使命和价值观,即它需要在满足客户价值的同时满足股东的价值。这就是一种利益和价值的内在平衡。平衡客户与股东二者的关系,满足股东和客户的需求,应该是公司经营必须遵循的管理原则。它是业财融合原则在组织管理中的核心体现。

(3) 业财融合的过程也是一种在公司内部建立组织伙伴关系的过程。组织在运行过程中,因业务经营需要必然会产生各种专门的管理职能及分工协作,有人要分管业务,有人要分管财务。其中,业务经营体系往往由总经理主导,财务管理体系则由 CFO 主导,上述客户与股东利益的平衡又往往会使总经理和 CFO 二者之间的关系是平衡的。他们相互支撑又相互制约,这是组织伙伴关系的一种体现。

综上所述,业财融合的过程其实就是一个"业务牵引财务,财务支撑业务"的过程。这是业财融合的本质所在。一方面,业务的日趋复杂会不断地驱动财务发展,包括风险管理手段日益完善、管理工具与方法日益丰富等;另一方面,财务的发展也规范并有效地支撑着业务的经营。业务、财务的"双轮驱动",促进了企业的价值创造。

(资料来源:王斌. 业财融合的本质[DL]. 管理会计研究.
https://zhuanlan.zhihu.com/p/57822603)

二、熟识业财融合的三个维度

业财融合是一个全过程、全方位的概念。业务发展到何处,财务就会跟进到何处。战略规划、经营计划、业务运营是业财融合密集发生的三个核心阶段。

首先,在战略规划层面。企业战略通常是一种偏宏观性、规划性的文件。它从整体概括了企业的特征以及未来较长一段时间内(比如 5 年、10 年甚至 15 年)的发展目标,非常重要。企业的战略是如何制定的呢？这离不开财务的支撑作用。

企业在制定战略时，需要对宏观环境进行研判，对行业状况、竞争对手的情况进行分析，同时还需要对组织资源和能力进行审视。在此过程中，财务无疑扮演着重要角色。它不仅要高度介入战略制定过程，制定并落实相关战略的价值评估标准，同时还要利用财务和非财务信息支持战略制定并进行理性决策。比如企业在进行长期投资项目规划或者投资项目抉择时，如果没有一些财务数据或者非财务数据予以支撑，或者财务没有制定预设的价值判断标准，那么企业将很难进行投资决策，也很难对项目的合理性进行客观评判。

现实中，很多企业的财务在战略制定时所扮演的角色并不突出，甚至一些企业只是把财务当作一个"融资""管钱"的后台部门，财务在企业中没有足够的话语权和权威性，融合更是无从谈起。

其次，在经营计划环节。企业在战略规划确定之后，需要在其基础上制订公司的经营计划。通常而言，经营计划是对公司战略的量化。它明确了企业要实现年度经营目标而需要完成的详细工作计划，包括相应的财务计划、营销计划、生产计划、采购计划、投融资计划、并购计划等。在此过程中，财务所发挥的作用，不仅仅是为了实现其他部门经营计划而编制一个财务计划，往往会高度参与到每个部门的计划编制过程中，并对其合理性进行判断、评价，一旦认为可行，就会通过预算管理等工具进行资源配置，使经营计划落地。

最后，在具体的业务运营阶段。此时，公司的商业模式基本已经确定，公司对研发、设计、物流采购、生产制造、营销和销售、售后服务等上下游之间的业务活动的价值判断与取舍，同样需要借助财务、非财务数据作为支撑。

在业务运营过程中，组织内部的任何部门、任何个体都不可能天然地成为业务运营体系的主导者，需要结合具体行业、历史惯例、管理要求等来安排其关键控制人。例如汽车制造行业，基于目标成本管理和持续改善要求，产品设计或工程部门的工程师将在业务运营体系中扮演核心角色；而在有大量外购、业务外包的公司，供应链管理部门则是业务运营体系的主导部门。但是，不论业务运营体系最终交由哪个部门主导，都离不开业财融合原则作指导。

三、如何提升业财融合能力

业财融合背景下对财务人员提出了更高要求。那么，财务人员该如何提升自己的业财融合能力呢？

(一)明确三个方向

(1) 参与项目管理。企业规模越大，财务人员的分工越细，往往只能专注一小块工作，很难窥探财务工作的全貌。基层财务人员要想尽快掌握会计整体，最好的选择是做项目财务。一个项目相当于一个小企业的完整周期，全面且贴近业务，只要经历了这样的循环，就可以成为具备业务和财务双重素质的人才。

(2) 参与经营分析。华为公司推崇经营分析，而不是单纯的财务分析。财务分析一定要结合实际，服务业务部门，否则分析报告的作用有限。具体而言，财务分析要透过财务数据挖掘背后的业务原因，指出问题，找出对策，落实责任，到期考核。这样一来，财务分析自然就突破了财务的范畴，成了"一把手"工程。

(3) 参与预算编制。预算编制是业财融合的工具。预算编制需要依据企业的经营计划，弄清楚预算期要做哪些业务，比如设备购置、厂房扩建、物资采购、生产产品等；然后弄清楚这些业务需要支出多少资金，企业是否有足够的自有资金来支持这些业务；如果资金不足，该如何筹措？这个过程就是业财融合的过程，如果不懂业务，编制出来的预算就没有科学性和指导性。参与预算编制是提升财务人员业财融合能力的重要途径。

(二)掌握三个技巧

作为一个中小企业的财务人员，如果能熟悉各部门之间的业务关系，无论是对账务处理直觉和自信的培养，还是对升职，都有很大帮助。然而，很多人一辈子都守着一个岗位，特别是大公司的财务人员，如果一辈子都只负责自己手头上这一块小小的业务，就很难在职业生涯中有所突破。

(1) 多看。多观察、多学习。有时候别人不一定有时间或不愿意手把手教你，需要自己观察周围的人是怎样做的，了解业务流程，积累好问题一次性问清楚。如果可以的话，多看看公司以前的业务以及处理方法等。这是重点！因为是本公司的业务，是真实的案例，在处理方式上比书本更有针对性。

(2) 多谈。新时代对财务人员的要求不仅仅是一天到晚对着数据，而是相应的沟通和交流能力。财会人员在收集成本数据的时候，要与生产部、物流部打交道；在发布报销制度的时候要和包括销售人员在内的公司全体同事打交道；要知道业务模式，知道利润来源点，知道公司运作整体的流程点……所以无论是本部门的同事还是其他部门的同事，都可以多熟悉、常交流，有琢磨不透的地方还能找个人问问。在做好本职工作的前提下多承担责任，向领导申请参与项目的机会。这样即使在你想换岗位的时候，领导也不会觉得你太过突兀。

(3) 多做。纸上得来终觉浅，绝知此事要躬行。在你做好了本职工作、参与了一定项目、做出漂亮成绩的情况下，对自己的能力和经验也有了信心，这时就可以尝试与领导沟通，申请换一下岗位。接触不同的岗位可以让你更加全面地了解公司的业务流程，当然，若通过会计考试的话，申请换岗就更有底气了。

(三)拥有四有心态

(1) 融入业务，提升价值。自身希望提升价值，要求转型，实现由核算型会计向管理会计的转变。

(2) 渴望进步，渴望成长。在变化的过程中需要不断学习，不断调整，不断适应。

(3) 主动参与项目，积累项目管理经验。参加项目管理，培养全局视野，站在新的高度俯视公司业务运行的全貌。

  (4) 走进业务前端。走出财务办公室，走进业务、走进流程、走进数据、走进系统。

【任务思考】

1. 如何才能成为具备业财融合素质的人才？
2. ERP 思想与业财融合理念相通吗？
3. 思考具备业财融合理念对企业、对社会、对国家的意义。

【任务评价】

本学习任务的评价清单如表 1-4 所示。

表 1-4　树立业财融合理念学习任务评价

学习任务	树立业财融合理念
学习目标	掌握业财融合的本质，能够理解并描述出来，且能够将其与 ERP 思想相结合
学习结果描述	1.业财融合理念的核心。 2.谈谈业财融合理念对你的启发。 3.你未来想成为一个什么样的财务人员。 4.思政元素：业财融合理念与命运共同体理念是否是一致的思想？作为个人在学习、生活或工作中该如何践行这一理念？
学习反思	
学习评价	自评：　　　　　　　　互评：　　　　　　　　教师评价：

学习任务 1-3 培育团队合作意识

【接任务单】

本学习任务的任务清单如表 1-5 所示。

表 1-5 培育团队合作意识任务单

学习任务	确立 ERP 思想
职业能力	能够通过理解 ERP 沙盘模拟经营中经营角色的职责与定位，明确团队合作的意识与意义，并能够具备这种意识，从而培养自己的团队意识和团队精神
学习目标	能够理解分工与合作的关系，理解团队合作意识
资讯方式	1.教师提供；2.互联网查询；3.学生交流
学习内容	1.ERP 沙盘模拟经营中的角色职责； 2.团队意识的表现； 3.如何培养团队意识
思政元素	培养团队意识、树立团队精神，具备大局意识、协作精神和服务精神。每个岗位的职责分工不同，但都是团队的一分子，在认真履行个人职责的同时，关注整体利益
学习方式	教师引导，学生相互讨论，以交流的形式完成学习

【学习指导】

一、组建 ERP 模拟经营团队并确定角色职责

公司团队有五个角色，分别是总经理、财务总监、市场总监、生产总监和采购总监，在 ERP 沙盘模拟经营中，角色与角色之间虽有各自的职责，却是相互合作、相互支持的关系，体现了团队合作意识。

(一)总经理的职责及在经营团队中的定位

总经理(假定由其行使 CEO 职权)是公司的核心。总经理要对公司的成败负责，因此公司运作、市场、战略、财务、公司文化的创立、人力资源、雇用、解聘及遵守安全法规、销售、公共关系等，都落到了总经理的肩上。在 ERP 沙盘模拟中，总经理要发挥最大职能，具体任务包括分析竞争格局、确定经营指标、制定业务策略、管理全面预算、管理团队协同、分析公司绩效、业绩考评管理、管理授权与总结。

1. 总经理的职责

(1) 制定公司的战略和目标，负责公司运营。公司的目标市场是哪些？要面临怎样的竞争对手？具体建立什么生产线？开发哪些市场？又怎样树立特有的公司形象？这些需要

总经理来作出决策、制定预算、组织合作伙伴。

(2) 创立公司文化,宣传公司的整体形象。总经理要创造良好的公司文化来吸引并留住最好的人才。在构建公司文化的过程中,总经理要定主基调。其一举一动都传递着文化的信息,比如他怎样对待错误能够传递出关于承担风险方面的信息。他雇用谁、忍耐什么以及鼓励什么都有力地塑造了公司文化。

(3) 组建和管理公司团队。总经理要负责雇用、解聘、领导高层管理团队,然后由他们雇用、解聘、领导其余的员工。总经理必须能够解决高层管理团队成员之间的分歧,并使他们为了一个共同的目标同心协力。总经理通过要实现的战略目标,将整个团队凝聚在一起,从而圆满地实现组织目标。

(4) 合理分配资金。总经理负责决定公司财政命运的重大决策,做公司内部预算,拨款给能够支持战略发展的项目,否定对公司战略发展不利的项目,保证使投资者的投资增值。

2. 总经理在 ERP 沙盘模拟经营团队中的定位

(1) 与营销总监共同研究市场,制定发展策略。通过各种信息,积极把握企业的发展方向,初期做战略时一定要做出几套备选方案,以防意外发生,因为 ERP 沙盘模拟经营比赛时出现慌乱是大忌。

(2) 与生产总监制定厂房、生产线、产品等投资研发策略,确定投资计划与预算。

(3) 与财务总监制定预算规划,预计各期费用成本以及盈利情况,在运营前预估本年权益,对关键权益的把握要做到与总经理共同商讨决定。

(4) 在运营过程中把握企业发展方向,分析竞争对手并根据变化随时改变策略。当市场环境与预期差异很大时就需要采用我们的备选方案,这时总经理要站出来稳定团队,把军心凝聚到一起。

(5) 针对模拟对抗中的突发情况,总经理应理性处理。比如,财务总监报表编制出错,总经理不能苛责,要积极与其一起查错纠错;又如,营销总监广告失误,造成产品积压,也需要总经理与队员一起重新考虑当年的经营策略。

总之,ERP 沙盘模拟经营对抗,需要团队成员之间的团结与信任才能走得更好更远。

(二)营销总监的职责及在经营团队中的定位

市场营销包括科研开发、生产、公关、销售在内的一整套经营活动,并以研究社会需求为核心。营销中心是公司和市场的桥梁,是把产品转化成商品、把商品转化成货币资金的部门,营销总监是这个部门的首脑。

1. 营销总监的职责

(1) 参与制定公司营销战略。根据营销战略制定公司营销组合策略和营销计划,经批准后组织实施。

(2) 负责重大公关、促销活动的总体筹划和现场指挥。

(3) 定期对市场营销环境、目标、计划、业务活动进行核查分析,及时调整营销策略和计划，制定预防和纠正措施，确保完成营销目标和营销计划；根据市场及同业情况制定公司新产品的市场价格，经批准后执行。

(4) 负责重大营销合同的谈判与签订。

(5) 协助总经理建立、调整公司营销组织，细分市场，建立、拓展、调整市场营销网络。

(6) 定期和不定期地拜访重点客户，及时了解和处理问题；代表公司与政府对口部门和有关社会团体、机构进行联络。

2. 营销总监在 ERP 沙盘模拟经营团队中的定位

(1) 与总经理共同制定公司市场发展战略，及时掌握竞争对手的情况，在稳定企业现有市场的同时，积极开拓新市场，争取更大的市场空间，才能力求在销售量上实现增长。

(2) 参与产品研发决策，根据市场需求和价格预测，确定产品组合，为产品研发决策提供参考信息。

(3) 与生产总监对接，结合市场预测及客户需求制订销售计划，有选择地进行广告投放，取得与企业生产能力相匹配的客户订单。与生产部门做好沟通，保证按时交货给客户，监督货款回收，进行客户关系管理。

(4) 制定广告投放方案，根据各个市场的调查情况制订相应的广告投入计划、市场开发计划和 ISO 认证计划，并报财务总监申请市场开发费用。

(三)财务总监的职责及在经营团队中的定位

财务总监作为公司财务管理方面的最高组织指挥者，在董事会或总经理的授权下，全面负责公司财务方面的工作。每家公司都非常重视挑选财务总监，都希望所选的财务总监能同时兼有高级会计师、管理会计师、注册会计师的能力，最好还是一位沟通大师。

1. 财务总监的职责

(1) 审核会计报告。财务总监作为公司财务管理方面的最高组织指挥者，其首要任务是组织好公司的会计核算，组织建立公司会计核算体系及制定相关财会、管理制度，建立一个高效的会计机构，带出一支有战斗力的会计团队。财务总监通过审核财务报告来监管公司会计核算、监管经营过程中执行各项制度、政策的情况，监控公司预算执行的过程与结果。

(2) 对公司经济活动进行分析。财务总监根据公司财务报告反映的公司经营状况，利用自己的专长对公司经济活动情况进行综合分析，写出系统的、让其他管理者都读得懂的分析报告，为公司最高决策者提供决策所需要的相关财务信息。

(3) 组织公司财务预算的编制、日常检查等工作。财务总监作为财务管理方面的最高组织者，组织公司财务预算的编制、监督检查工作。

(4) 组织公司成本管理，压缩公司成本。成本控制是公司财务管理的重点，组织公司成本核算、成本管理、压缩公司支出，是财务总监必须做好的一件事。

(5) 调配公司营运资金，为公司的生产与发展融资。公司的经营过程其实就是一项资金转化成另一项资金的过程，从货币资金开始经过储备资金、生产资金、销售资金这几个阶段，再回到货币状态,不断往复,一刻也不能停留。在公司资金的循环过程中,为确保资金需求量和顺畅流动,需要有人来合理地调配资金。如何合理地调配公司营运资金,筹措公司生产经营、投资发展所需要的资金,保证公司血液顺畅流动,是财务总监的日常工作之一。

(6) 参与公司投资决策。财务总监作为公司财务管理方面的最高组织者,作为财务方面的专业人士,必须参与公司投资决策,组织对投资进行承受力分析、投资经济效益分析,并筹措投资所需要的资金。

2. 财务总监在 ERP 沙盘模拟经营中的定位

(1) 做好总经理的参谋,参与投资决策分析,制定合理的投资发展规划。

(2) 与营销总监做好沟通,在下一年的运营中,需要多少广告投入,既不能超出企业的承受能力,也不能过分削减广告费用,避免因为下一年广告投入不足而导致产品销售困难,造成企业运营亏损。

(3) 与生产总监及时沟通,合理规划投建生产线以及所需要的资金预算,合理计算生产线的折旧、维护费,及时计算生产成本;与采购总监及时沟通,确保采购资金到位。

(4) 努力保证权益。财务总监要控制好成本及支出,做到物尽其用。ERP 沙盘模拟经营的每一个权益对于企业来说都是至关重要的,有可能因为其个权益而造成企业在银行贷不了款,使企业的经营运作遭到影响,甚至造成资金断流、企业倒闭。

(5) 做好资金预算。把当年各个季度的资金流入、流出核算清楚,避免企业经营因资金断流而倒闭的情况发生。

财务总监的职能就是要为企业做好预算监督,为企业的经营提供合理的资金规划。

(四)生产总监的职责及在经营团队中的定位

生产总监对企业的一切生产活动进行管理,并对企业的一切生产活动及产品负最终责任。协调完成生产计划,维持生产低成本稳定运行,并处理好有关的外部工作关系;负责生产计划的制订落实及生产和能源的调度控制,保持生产正常运行,及时交货;组织新产品研发,扩充设备,不断降低成本。

1. 生产总监的职能

(1) 参与制定公司年度总预算和季度预算调整。

(2) 参与公司厂房、生产线投资规划,新产品的研发计划。

(3) 组织实施并监督、检查生产过程中质量体系的运行,主管并监督检查公司的安全文明生产、生产环保工作,组织新技术、新工艺、新设备的应用推广。

(4) 综合平衡年度生产任务,制订并下达生产计划,做到均衡生产。

2. 生产总监在 ERP 沙盘模拟经营团队中的定位

(1) 与营销总监沟通,明确本企业的主打产品(最优的产品组合)、产品的研发是否能跟得上生产线的投建。

(2) 生产线的投建。企业要获得更大的收益,靠的是扩大市场份额,而扩大市场份额则是基于企业产能与各项资金支出合理等的，所以必须要投建性能更好、产能更大的生产线，以便更好地跟上市场需求。

(3) 与财务总监及时沟通，做好每年的生产预算，包括需要多少资金，在什么时候可以交货。

(4) 与采购总监共同计算清楚原材料订单和原材料入库的数量与时间。沙盘上的各项操作出现错误的话，财务总监的报表就难以做平，因此原材料订单和入库尤为重要。

总之，生产总监要和企业的每一个部门打交道，所以生产总监与其他总监的沟通工作必须做好，尽可能发挥最大的产能，保证市场的需要。

(五)采购总监的职责及在经营团队中的定位

采购部门虽然是花钱的部门，但却是为其他部门供应物资、为公司节省成本的重要部门。采购总监是采购部门的总负责人，直接对总经理负责，需要在采购领域具有良好的业绩和良好的职业道德评价记录，分析能力强，具有优秀的谈判技巧和供应商管理能力。

1. 采购总监的职责

(1) 主持采购的全面工作，统筹策划和确定采购内容，以有限的资金保证最大的供应，确保完成各项采购任务。

(2) 调查研究公司各部门商品需求及销售情况，熟悉各种商品的供应渠道和市场变化情况，确保供需心中有数；指导并监督下属开展业务，不断提高业务技能，确保公司的正常采购量。

(3) 进行供应商的评价和管理，建立合理的采购流程。

(4) 监督并参与大批量商品订货的业务洽谈，检查合同的执行和落实情况。

(5) 认真监督、检查各采购主管的采购进程和价格控制。

2. 采购总监在 ERP 沙盘模拟经营团队中的定位

(1) 采购总监的职责是编制并实施采购供应计划，确保在合适的时间点，采购合适的原材料(R1、R2、R3、R4)和合适的数量，为生产的顺利进行提供足够的原材料，并尽量保持期末零库存的原则。

(2) 作为采购总监，要牢记产品的构成即 P 系列产品构成，比如 P1 产品由 1 个 R1 构成，P2 产品由 1 个 R2 和 1 个 R3 构成等，及时和生产总监沟通，弄清楚生产需要的材料品种，并计算需要的原材料数量。

(3) 熟悉生产线的安装、转产周期、产品研发周期和产品生产计划，提前做好采购计划。

二、培养团队合作意识

(一)什么是团队意识？

团队意识是指整体配合意识，具体表现如下。

(1) 互信。团队成员之间要互信，互信的前提之一是成员不仅知道自己的工作职责，还要知道团队中其他成员的工作职责，这就要求企业公示岗位职责说明书，让成员知道团队中每个员工的分工。

(2) 双赢的智慧，合作才能成功。合作寻求的是双赢。现在有些人不愿意合作，因为他们害怕分享成果时会吃亏。其实即使合作吃亏，效果也比不合作要好。

(3) 尊重个性，扬长补短。现代社会要善于整合资源。对于基层管理者来说，第一资源是员工。他们尊重每个员工的个性发展，并善于利用每个员工的长处，弥补其他员工的短处。

(4) 建立团队规范。团队规范包括团队制度、作业方法等，管理者要用制度约束员工、解决团队中的问题。建立一套规范管理制度，管理就会变得比较轻松。

(5) 大局为重，团队目标至上。找准自己的位置，并在自己的位置上为集体效力，干好自己的工作是为集体效力的方式；团队利益永远至上；必要时甘当配角，并把配角当出水平；为了集体利益，必要时可以牺牲自我利益。

(二)如何培养团队合作意识

(1) 正确看待团队协作精神。在一个团队中，只有每个成员都充分地发挥自己的潜力，并在共同目标的基础上协调一致，才能发挥团队的整体威力，产生整体协同效果。

(2) 与其他成员友好合作。不要表现得比别人聪明，从别人的立场看问题，请求对手帮忙，以互助促进团队合作，这就是团队协作精神。

(3) 培养团队协作精神，就要学会主动和他人合作。倾听他人意见，不要太张狂，保持乐观心态，培养创造能力。

(4) 有效与他人合作。保证自己个性的良好平衡，避免走极端；在执行集体工作中争取主动；在与自己共事的团队成员中，寻找积极的而不是消极的品质；对别人表示寄予的期望，保持足够的谦逊；在别人的行为理应受到尊重时，向别人诚挚地致以敬意。

(5) 通过合作培养领导才能，这也是培养团队合作精神的要点。一个人若能引导他人进行合作，以及从事有效的团队工作，或鼓舞其他人，使他们变得更活跃，那他无疑是具有做领导的潜质的。

团队意识不是依赖他人，而是主动协作，降低内耗，始终将"团队利益高于一切"放在首位。培养团队协作精神，使团队成员具有高度的责任感、荣誉感和归属感，真正实现1+1>2。

【任务思考】

1. 如何才能成为具备团队协作精神的人？
2. 思考团队协作精神在学习、工作中的价值。
3. 谈谈合作与竞争的关系。

【任务评价】

本学习任务的评价清单如表 1-6 所示。

表 1-6　培育团队意识学习任务评价

学习任务	培育团队合作意识
学习目标	明确每个角色在模拟经营中的职责与定位，并在经营中履行自己职责的基础上加强团队合作
学习结果描述	1.归纳各岗位的职责。 总经理职责： 财务总监职责： 营销总监职责： 生产总监职责： 采购总监职责： 2.思政元素：谈谈你的归属感的认识，包括对班级、经营团队和国家的归属感的认识。
学习反思	
学习评价	自评：　　　　　互评：　　　　　教师评价：

【小结】

　　本模块的学习内容包括确立 ERP 思想、树立业财融合理念、培育团队合作意识。目的在于，通过本模块的学习能够帮助学生在 ERP 沙盘模拟经营中，用 ERP 思想思考问题、指导制订经营规划，用团队合作意识武装自己参与 ERP 沙盘模拟经营的全过程，并在模拟经营中很好地体会业财融合，最终使学生达到具备这些思想、意识，并能够在这个过程中有方向地学习、有意识地培养自己的素养，为未来的职业之路铺就更好的基石。

【学习随笔】

第_____周　　　　周_____

模块二
ERP 沙盘模拟经营实操入门

【内容导学】

ERP 沙盘模拟经营六年，每年的业务会因为经营策略的不同而有所区别，但是流程和规则是不变的。要求经营者要按照经营流程、遵循经营规则来制定经营策略并从事模拟经营。在学习操作流程的同时，掌握经营规则和经营策略，为 ERP 沙盘模拟经营实战对抗做准备。每一个学习任务都包含着科学的经营理念，要求学生在经营过程中用心体会，丰富自己的职业素养。

【思维导图】

本模块分六个学习任务，如图 2-1 所示。

图 2-1　模块二思维导图

【微课视频】

扫一扫，获取本模块相关微课视频。

2-2-1　厂房的购买与租用　　2-2-2　建设生产线　　2-2-3　研发产品　　2-2-4(1)　市场开拓　　2-2-4(2)　ISO 资格认证

2-3-1　采购原材料　　2-3-2　生产产品　　2-5　编制资产负债表　　2-6-1　投放广告　　2-6-2　参加订货会

【实操准备】

实操准备是介绍教师端的系统设置、学生端登录的基本操作,具体经营的操作将在各任务中阐述。

一、教师端基本操作

(一)登录系统步骤

(1) 单击桌面上的"新道商战沙盘系统",进入如图 2-2 所示的界面。

图 2-2 "登录系统"界面

(2) 单击"启动系统"按钮,出现如图 2-3 所示的黑色界面后,将当前界面最小化。

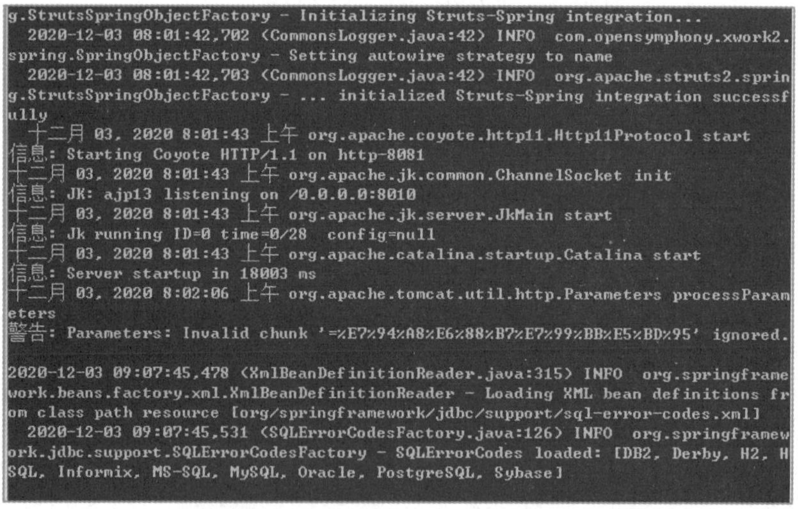

图 2-3 "启动系统"界面

(3) 登录浏览器,在地址栏输入 IP 地址:192.2.5.199:8081,或自动获取 IP 地址,这个不是固定的,与实训室网络设置有关。

(二)管理员的操作

在用户登录界面以管理员的身份,在用户名处输入"admin",密码处输入"1",确定后进入如图2-4所示的界面。

图2-4 "管理员操作"界面

(1) 创建教学班。单击"创建教学班",进入如图2-5所示的界面,输入教学班名称,创建班级。只能建立一个班级,原有的教学班需要删除。

图2-5 "创建教学班"界面

(2) 教师管理。单击"教师管理"按钮,进入如图2-6所示的界面,在用户名处设置教师用户名,比如1或11或其他,并设置密码,比如1或11或其他,用户名或密码要简单、好记。我们设用户名为"11",密码为"11"。此步骤是确认教师身份。

图2-6 "教师管理"界面

(3) 权限管理。单击"权限管理"按钮，进入如图 2-7 所示的界面，确认教师"11"或其他对创建班级的管理权限。

图 2-7　赋予教师管理班级的权限

(4) 退出。在右上角单击"退出系统"按钮，退出设置界面。

(三)教师操作

(1) 在如图 2-8 所示的界面中，以教师身份即用户名为 11 或其他，密码为 11 或其他登录，进入如图 2-9 所示的界面。

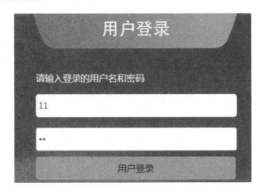

图 2-8　"教师身份登录"界面

序号	教学班名称	状态	操作
1	19财·1	未初始化	教学班初始化

图 2-9　"教师修改参数"界面

(2) 教学班初始化，修改相关参数。

① 在图 2-9 所示的界面中，单击"教学班初始化"按钮，进入如图 2-10 所示的界面。

② 在图 2-10 所示的界面中确定用户名前缀"u"或"U"，设置好队数。用户名就是模拟企业的代号，队数就是参与模拟经营企业的数量。

③ 在图 2-10 所示的"订单方案"下拉菜单中选择订单方案。系统有默认的规则，教师也可以自己设置适合教学的订单方案导入。在"规则方案"下拉菜单中选择规则，系统

有默认的规则，教师也可以自己设置适合教学的订单方案导入，详见附录。

图 2-10　订单方案、规则方案选择图

④　修改系统参数。在如图 2-11 所示的界面修改参数，参数的修改也是根据教学需要来定的，比如初始资金、竞单环节、同开市场的数量、厂房的数量等。修改完成后单击"确认"按钮进入教师管理界面，这时学生就可以登录系统进行模拟经营了。

图 2-11　"系统参数"界面

二、学生端基本操作

(一)登录界面

(1) 登录浏览器，在地址栏输入与教师端对应的 IP 地址，进入如图 2-12 所示的界面。

图 2-12　"学生登录"界面

(2) 输入登录信息。在图 2-12 中的用户名处输入"u+编号"或"U+编号"，如 u01 或 U10，密码为 1，单击"用户登录"按钮，进入如图 2-13 所示的界面。

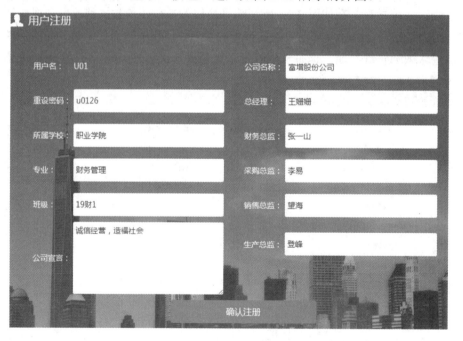

图 2-13　"用户注册"界面

(3) 输入团队基本信息。在图 2-13 所示的界面中输入团队的基本信息，包括公司名称、公司宣言、团队角色等，单击"确认注册"按钮，进入"经营"界面。

(二)经营界面操作说明

学生输入团队信息后，确认注册后进入如图 2-14 所示的"经营"界面。

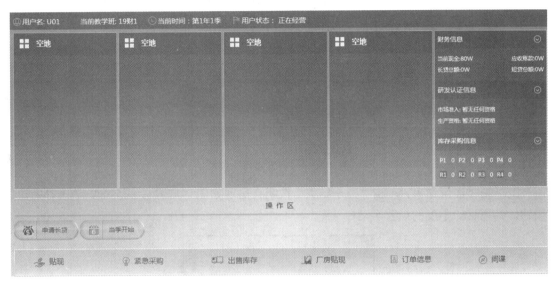

图 2-14 "经营"界面

(1) 界面中的"空地"，是厂房的建筑区，最右侧一列是显示各种信息的，包括财务信息、研发认证信息、库存信息三部分，单击每类信息后面的下拉按钮，可展开显示更详细的信息。

(2) 界面操作区。

① 界面操作区的菜单分两行：第一行的菜单按钮，即"申请长期贷款""当季开始"所在的行，必须严格按照流程表的流程进行操作，具有不可逆性，请同学们谨慎确认后再操作。

单击"当季开始"按钮，会出现如图 2-15 所示的界面，单击"确认"按钮，开始这一季度的经营活动。

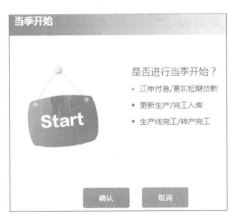

图 2-15 "当季开始"界面

第二行的菜单，如贴现、紧急采购、出售库存、厂房贴现、订单信息等属于特殊业务，不受流程制约，可以随时操作。

② 第一行菜单在单击"当季开始""更新原料库"按钮后，显示如图 2-16 所示的界面中的"经营操作"菜单，其中的"应收款更新"按钮是转折按钮，即单击它就可以进入下一个界面。

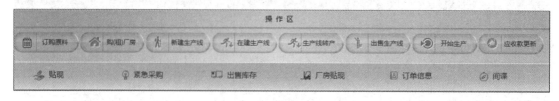

图 2-16 "经营操作"菜单

③ 每季经营结束，单击"当季结束"按钮会出现如图 2-17 所示的界面，单击"确认"按钮，结束这一季度的经营活动。

图 2-17 "当季结束"界面

④ 第四季度经营结束，单击"当年结束"按钮，进入如图 2-18 所示的界面，图中有相关信息提示，请根据信息提示检查相关业务是否完成，确认无误后单击"确认"按钮，当年的经营活动结束，进入"报表编制"界面。

图 2-18 "当年结束"界面

模块二　ERP 沙盘模拟经营实操入门

【实操指导】

实操指导环节要按照学习任务分别进行。

学习任务 2-1　召开新年度规划会议

【接任务单】

本学习任务的任务清单如表 2-1 所示。

表 2-1　召开新年度规划会议任务单

学习任务	召开新年度规划会议
职业能力	能够通过编制经营流程表，深刻领会现金预算与业务规划的关系，并能够具备规划的意识和能力，从而有意识地培养自己的预算意识、责任意识和风险意识
学习目标	能够弄清楚新年度规划会议需要做的工作事项和想要达到的规划效果
资讯方式	1.教师提供；2.互联网查询；3.学生交流
学习内容	1.解读经营流程表 2.研究市场预测 3.召开年度规划会议
思政元素	新年度规划会议体现的是战略思维，从长期、整体的角度规划企业的投资；同时也是根据投资与经营业务，编制投资、经营和资金预算，培养风险控制意识，树立对企业发展负责任的态度，确立大责任观和整体意识
学习方式	教师引导，学生相互讨论，以交流的形式完成学习

【学习指导】

一、解读 ERP 沙盘模拟经营流程表

ERP 沙盘模拟经营流程表如表 2-2 所示。经营流程表是企业经营需要遵循的基本流程。

(一)初识 ERP 沙盘模拟经营流程表工作内容

经营流程表分年初、年中(四个季度)、年末三个阶段，实际上就是沙盘模拟经营的整体工作流程。

(1) 年初工作内容。年初工作包括新年度规划会议、投放广告、参加订货会、支付应缴税费、支付长期贷款利息、更新长期贷款/长期贷款还款、申请长期贷款七项工作。经营第一年的年初要做的工作只有新年度规划会议和申请长期贷款两项工作，当然，也可以不申请长期贷款。

表 2-2　年度规划与经营流程表

用户_____组　第_____年　　　　　　　　　　　　　　　　　　　　单位：元

操作顺序	请按顺序执行下列各项操作。入库数量为"+"，出库数量为"-"。				
年初	新年度规划会议				
	投放广告				
	参加订货会/登记销售订单				
	制订新年度计划	调整经营规划			
	支付应缴税费	系统自动扣除			
	支付长期贷款利息	系统自动扣除			
	更新长期贷款/长期贷款还款	系统自动扣除			
	申请长期贷款				
	原材料/在制品/产品库存台账	一季度	二季度	三季度	四季度
1	季初盘点(请填数量)				
2	更新短期贷款/短期贷款还本付息	当即开始系统自动扣除	当即开始系统自动扣除	当即开始系统自动扣除	当即开始系统自动扣除
3	申请短期贷款				
4	原材料入库/更新原材料订单				
5	下原料订单				
6	购买/租用——厂房				
7	更新生产/完工入库				
8	新建/在建/转产/变卖——生产线				
9	紧急采购原材料(随时进行)				
10	开始下一批生产				
11	更新应收款/应收款收现				
12	按订单交货				
13	产品研发投资				
14	厂房——出售(买转租)/退租/租转买				
15	新市场开拓/ISO 资格投资				
16	支付管理费/更新厂房租金	当即结束系统自动扣除	当即结束系统自动扣除	当即结束系统自动扣除	当即结束系统自动扣除
17	出售库存				
18	厂房贴现				
19	应收款贴现				
20	季末出库合计				
21	季末入库合计				
22	季末数额对账[1项+20项+21项]				

续表

年末	缴纳违约订单罚款		当年结束系统自动扣除
	支付设备维护费		当年结束系统自动扣除
	计提折旧		报表环节系统自动扣除
	新市场/ISO 资格换证		当年结束系统自动
	结账		

(2) 年中工作内容。年中工作包括季初盘点、更新短期贷款/短期贷款还本付息、申请短期贷款、原材料入库/更新原材料订单、下原材料订单、购买/租用——厂房、更新生产/完工入库、新建/在建/转产/变卖——生产线、开始下一批生产、更新应收款/应收款收现、按订单交货、产品研发投资、厂房——出租(买转租)/退租/租转买、新市场开拓/ISO 资格投资、支付管理费/更新厂房租金、季末出库合计、季末入库合计、季末数额对账 18 项工作。

其中，固定资产建设、产品研发与市场开拓任务以第一年为主，以后年度则是以日常经营为主，也会根据经营发展情况适当地增加投资建设。

(3) 年末工作内容。年末工作内容包括缴纳违约订单罚款、支付设备维护费、计提折旧、新市场/ISO 资格认证和结账五项。第一年的年末基本没有工作，如果有在第一年投资并建设完工的生产线，则会发生维护费支出。

(4) 特殊工作内容。特殊工作有紧急采购原材料、出售库存、厂房贴现、应收账款贴现四项工作，可随时进行，不受经营流程的制约。

由于每年的经营任务与经营工作重点不同，因此并不是每年都发生所有的业务，而是会随着经营策略的变化而有所不同。

特别提示：经营流程表的顺序要严格遵守，例如不可先借长、短期贷款，再还长、短期贷款本息等。

(二)发现经营流程表的含义

ERP 沙盘模拟经营流程表，从表面上看是一个年度经营流程表，记录着企业业务的发生流程；同时也是一个年度现金流量表，记录现金的流入、流出与结余或不足。它也是一个年度经营预算表，记录着年度经营业务、业务所需要的资金，以及企业运用资金、筹措资金的情况。但是，经营流程表绝不仅仅是一个年度计划，其背后隐含的是公司经营管理层年度规划会议决议的结果，这个结果是企业未来 3~5 年的成长步调与路径的年度体现，蕴含着战略思维与战略规划。

二、召开年度规划会议

(一)市场预测

所谓市场预测,就是运用科学的方法,对影响市场供求变化的诸因素进行调查研究,分析和预见其发展趋势,掌握市场供求变化规律,为经营决策提供可靠的依据。

召开新年度规划会议,首先应该研究市场预测,以相关的市场预测为依据,制定相应的规划与经营策略。

如表 2-3、表 2-4 所示,这是某机构对未来 6 年各个市场的平均市场价格和需求量的预测数据,这一预测应该有着很高的可信度,但根据这一预测进行公司的经营运作,其后果将由各公司自行承担。

表 2-3 市场均价预测

序号	年份	产品名称	本地市场/元	区域市场/元	国内市场/元	亚洲市场/元	国际市场/元
1	第二年	P1	4.82	4.87	0	0	0
2	第二年	P2	6.86	7.03	0	0	0
3	第二年	P3	7.73	7.83	0	0	0
4	第二年	P4	0	0	0	0	0
5	第三年	P1	4.85	4.67	4.60	0	0
6	第三年	P2	7.18	7.16	7.06	0	0
7	第三年	P3	8.55	8.62	8.79	0	0
8	第三年	P4	9.00	8.86	0	0	0
9	第四年	P1	4.56	4.61	4.52	4.53	0
10	第四年	P2	6.59	6.52	6.66	6.63	0
11	第四年	P3	8.65	8.64	8.52	8.44	0
12	第四年	P4	9.35	9.32	9.20	9.25	0
13	第五年	P1	4.17	4.09	3.97	4.73	4.86
14	第五年	P2	6.26	6.27	6.23	6.48	6.76
15	第五年	P3	8.36	8.54	8.39	8.60	8.55
16	第五年	P4	9.00	9.28	9.22	9.25	9.54
17	第六年	P1	3.85	3.74	3.77	4.59	4.86
18	第六年	P2	5.92	5.85	6.38	6.89	6.94
19	第六年	P3	7.84	7.67	8.52	8.77	8.94
20	第六年	P4	8.72	8.69	8.92	9.32	9.67

表2-4 市场需求量预测

序号	年份	产品名称	本地市场/个	区域市场/个	国内市场/个	亚洲市场/个	国际市场/个
1	第二年	P1	71	61	0	0	0
2	第二年	P2	66	65	0	0	0
3	第二年	P3	11	12	0	0	0
4	第二年	P4	0	0	0	0	0
5	第三年	P1	61	61	40	0	0
6	第三年	P2	56	69	51	0	0
7	第三年	P3	44	45	39	0	0
8	第三年	P4	10	14	0	0	0
9	第四年	P1	41	31	25	36	0
10	第四年	P2	39	46	53	38	0
11	第四年	P3	51	53	48	41	0
12	第四年	P4	26	31	15	12	0
13	第五年	P1	30	34	34	37	35
14	第五年	P2	43	44	52	52	34
15	第五年	P3	53	57	57	55	42
16	第五年	P4	36	46	54	36	24
17	第六年	P1	26	27	35	34	36
18	第六年	P2	38	40	45	47	35
19	第六年	P3	50	55	63	66	54
20	第六年	P4	43	49	53	60	42

根据该市场预测可以作出如表2-5所示的分析结果。

一般来说，根据企业的实际情况可以预测1～2年的销售情况，由于市场存在不确定性，3～6年的预计可能蕴含很大的不确定性，只能作为参考。

表2-5 市场预测分析结果

产品	单价趋势	需求趋势
P1	(1)产品本身价格偏低； (2)在本地市场从第四年价格开始下降，到第六年降到4元以下； (3)区域市场价格则从第三年就开始下降； (4)国内市场、亚洲市场、国际市场的第五年、第六年价格略高于本地、区域市场的价格	(1)本地市场第二年需求大，第三年开始下降，需求越来越低； (2)区域市场第二年、第三年需求平稳，第四年开始下降； (3)国内市场第二年没有需求； (4)亚洲市场第二年、第三年没有需求，第四年、第五年需求偏低； (5)国际市场第五年开始有需求，需求量不高

续表

产品	单价趋势	需求趋势
P2	(1)第二年本地、区域市场价格高； (2)第四年开始本地、区域市场价格开始下降； (3)第五年亚洲、国际市场价格尚可，高于其他市场； (4)第五年、第六年本地、区域、国内市场价格继续下降，亚洲、国际市场价格继续上升	(1)本地市场前两年需求比较平稳，第三年开始下降； (2)区域市场第二年、第三年需求平稳，第四年开始下降； (3)国内市场第二年没有需求，第三年、第四年、第五年需求比较平稳，第六年需求降低； (4)亚洲市场第二年、第三年没有需求，第四年需求偏低，第五年需求较高； (5)国际市场第五年开始有需求，需求量偏低
P3	(1)第二年、第三年、第四年本地、区域市场价格上升； (2)第五年、第五年价格略有下降，国内市场平稳，亚洲、国际市场平稳上升； (3)第六年亚洲、国际市场价格高	(1)国内市场第二年没有需求，第三年开始需求递增，到第六年达到63个的需求量； (2)亚洲市场第二年、第三年没有需求，第四年开始需求递增，第六年需求较高； (3)国际市场第五年开始有需求，需求量较高
P4	产品价格高，亚洲、国际市场第五年、第六年平稳上升，国内市场价格第六年下降	(1)亚洲市场第二年、第三年没有需求，第四年开始有需求但偏低，第五年、第六年需求增长较快； (2)国际市场第五年开始有需求，需求量较高，增长快

(二)召开年度规划会议的具体工作

常言道："凡事预则立，不预则废。"在新的一年经营之前，CEO 要召集各位业务主管召开新年度会议。会议由总经理主持，财务总监、营销总监、生产总监和采购总监共同参与。召开年度规划会议不仅是为了完成年度经营流程表，还因为它是一个战略规划会议，可以讨论企业在未来六年的发展方向、发展规模，包括市场开拓、生产线投资、产品研发与组合、资金筹措等。

会议根据各位主管掌握的信息和企业的实际情况，初步提出企业在新一年的各项投资计划。新年度规划会议根据年度不同和经营策略不同，所涉及的内容也不同。比如，第一年规划会议的主要内容是建设投资，这个投资计划同时兼顾第二年的订货会和生产经营，以及第三年的订货会、初步投资计划与生产规模。实际经营时会根据市场订单情况及时调整规划策略。年度规划会议的决议则通过经营流程表予以呈现，表中的数据是新年度规划会议的决议结果，代表企业管理层的战略规划意图和方向。

根据市场预测的分析结果，我们来做一个规划示范。

假设初始启动资金是 80 万元，根据规则第一年不申请长期贷款，则季初盘点资金就是 80 万元。具体规划：购买一个大厂房需要投资 40 万元，建设两条自动线、两条柔性线，其中两条柔性线生产 P1 产品，两条自动线生产 P2 产品，研发 P1、P2、P3 产品，开拓本地市场、区域市场、国内市场、亚洲市场、国际市场，认证 ISO 9000。经过现金流的测算，80

万元的启动资金不能满足这些投资的需要,所以需要向银行贷款,贷款方式是滚动短期贷款,从第二季度开始每季度申请 20 万元的短期贷款。

若把这些投资落实到经营流程表中,则如表 2-6 所示。

表 2-6 年度规划与经营流程表(第一年)

用户__U01__组 第__1__年

操作顺序	请按顺序执行下列各项操作。入库数量为"+",出库数量为"-"。								
年初	新年度规划会议								
	投放广告								
	参加订货会/登记销售订单								
	制订新年度计划								
	支付应缴税费	系统自动扣除							
	支付长期贷款利息	系统自动扣除							
	更新长期贷款/长期贷款还款	系统自动扣除							
	申请长期贷款								
原材料/在制品/产品库存台账		一季度		二季度		三季度		四季度	
1	季初盘点(请填数量)	8	0	2	7	2	4	2	0
2	更新短期贷款/短期贷款还本付息								
3	申请短期贷款			20		20		20	
4	原材料入库/更新原料订单								
5	下原料订单					2R3		2R1	2R2 2R3
6	购买/租用——厂房	买大厂房-40							
7	更新生产/完工入库								
8	新建/在建/转产/变卖——生产线	新建两柔性线-10		新建两自动-10 在建两柔性-10		在建两柔两自-20		在建两柔两自-20	
9	紧急采购原料(随时进行)								
10	开始下一批生产								
11	更新应收款/应收款收现								
12	按订单交货								
13	产品研发投资	研发 P2P3-2		继续研发 P2P3-2		加研发 P1-3		-3	
14	厂房——出售(买转租)/退租/租转买								
15	新市场开拓/ISO 资格投资							市场与认证-5-1	
16	支付管理费/更新厂房租金	固定费用-1		-1		-1		-1	
17	出售库存(随时进行)								
18	厂房贴现(随时进行)								

续表

19	应收款贴现(随时进行)								
20	季末出库合计	-53		-23		-24		-30	
21	季末入库合计	0		20		20		20	
22	季末数额对账[1项+20项+21项]		27		24		20		10
年末	缴纳违约订单罚款							当年结束系统自动扣除	
	支付设备维护费							当年结束系统自动扣除	
	计提折旧							报表环节系统自动扣除	
	新市场/ISO 资格换证							当年结束系统自动	
	结账								

注：表中数字的计算在后面的任务中会详细说明。

根据每年的经营情况，由 CEO 指挥、各岗位总监填写经营流程表中相应的数据。一般由 CEO 在经营流程表中打勾表示完成该项任务；财务总监记录明细的现金流入与流出、费用发生与融资发生情况；采购总监记录原材料订货、出入库情况；生产总监记录生产线建设和变动情况，以及在制品变化情况；营销总监记录生产资格、ISO、市场开发情况，以及产成品的出入库情况。

【任务思考】

1. 为什么 ERP 沙盘模拟经营系统要固定模拟经营流程？
2. 为什么要先还旧贷款，再申请新贷款呢？
3. 新年度规划会议的内容包括哪些？
4. 战略思想与规划对防范风险的意义有哪些？

【任务链接】

新年度规划会议——专注讨论重要的战略

1. 把战略和营运分开讨论。 这两种会议所需要的心态和会议状态并不相同。营运课题往往是根据现状进行修改，但战略则需要更大的视野、更多的创新思考。如果没有刻意分开，很容易混淆，从而影响两者的决策品质。

2. 把重点放在作决定而不是讨论上。 开战略会议时，一定要在事前发资料给与会者阅读，这样才能迅速地进入讨论。此外，事前分发的资料中，必须在封面上清楚载明，这些资料是给大家做什么用的，如只是供大家参考，或是让大家讨论，还是希望作出选择与决定。

3. 列出每个议题对公司的长期价值，以决定花多少时间在上面。 如果你能够将每个议题以粗略数字列出它的重要性，当大家知道议题 A 的重要性是议题 B 的 20 倍时，自然会花费更多的时间在议题 A 上。

4. 事先决定好讨论的流程、时间表,以及如何达成决策,谁必须做最后决定。把这些游戏规则厘清,到时候才能有效地产生结论。

5. 必须把真正的选项摊开来。会议中,至少要产生三项战略选择,因为如果没有看到具体的选项,管理团队很难有效地作出决策,或者只会作出很抽象却无法执行的决策。

6. 让决策确立。战略会议必须把战略变成具象的方案,甚至需要把投入的资源(如时间、人、钱)列出来,让大家正视并承诺。事实上,在某些公司,战略规划就等于是绩效契约,把执行战略需要的资源都载明,以及希望达成的财务目标,相关的部门才会认真执行。

战略规划究竟应该讨论哪些课题呢?管理顾问鲁伯坦在 *The CEO Refresher* 杂志上分析,公司应该讨论的事项包括以下几个方面。

◇你的公司希望在什么时候,达到什么样的目标?

◇清楚地把公司愿景、使命,以及可衡量的目标列出来。

◇进行落差分析,即①找出导致现有状况的原因,以便调整未来五年的新目标;②用清楚的数字和实际的时间表,厘清未来希望达到的状况;③决定这些目标要如何实现,并在什么时候,以什么样的代价实现。

◇公司目前有什么资源在手上?相关、可运用的外界资源又有哪些?用什么方式可以将这些资源结合,来达到公司的使命?

◇为了达到这些目标,公司将采取什么样的行动?例如并购或和其他公司战略联盟。

◇在快速成长之前,有什么关键课题需要事先讨论?例如公司治理、某个营运问题或领导课题等。

【任务评价】

本学习任务的评价清单如表 2-7 所示。

表 2-7 召开年度规划会议学习任务评价

学习任务	召开年度规划会议
学习目标	明确年度规划会议要商讨的问题，并能按照经营流程来经营企业
学习结果描述	1.描述一下经营流程表。 2.经营流程表三个阶段的工作有哪些？ 3.描述新年度规划会议的内涵。 4.思政元素：谈谈新年度规划会议与防范风险的关系，并分析责任意识对企业经营的影响。
学习反思	
学习评价	自评： 互评： 教师评价：

学习任务 2-2　　建设投资

【任务导学】

建设投资以长期投资为主，包括购租厂房、建设生产线、产品资格许可和前期市场开发等任务。建设任务不从事产品生产、不产生销售业务，收入为零、利润为负，却是企业发展必经的阶段，能够为企业正常开展经营业务和持续发展提供物质基础和保障。

本学习任务的思维导图如图 2-19 所示。

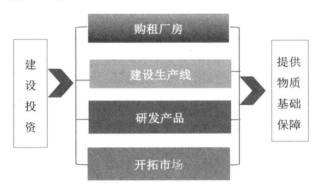

图 2-19　建设投资思维导图

【接任务单】

本学习任务的任务清单如表 2-8 所示。

表 2-8　建设投资任务单

学习任务	建设投资
职业能力	通过建设投资的实操，能够解读购租厂房、建设生产线、研发产品、开拓市场的规则，能够合理地规划建设投资，为企业的持续经营打下良好的物质基础和市场基础
学习目标	1.掌握购租厂房、建设生产线、研发产品和开拓市场的实操。 2.熟知购租厂房、建设生产线、研发产品和开拓市场的规则。
资讯方式	1.教师提供；2.互联网查询；3.学生交流
学习内容	1.实操购租厂房任务并解读其规则。 2.实操新建、在建、转产生产线的任务并解读其相关规则。 3.实操产品研发的任务并解读其相关规则。 4.实操开发市场与认证 ISO 资格的任务并解读其相关规则
思政元素	资产投资期限长、回报周期长，且占用较多资源，所以树立投资风险意识和持续发展理念，合法合规投资、科学规划监控投资进度，避免资源浪费，为社会创造更多的价值
学习方式	教师引导，学生相互讨论，以交流的形式完成学习

任务实操一

子任务 2-2-1　购租厂房

一、接购租厂房任务单

本子任务的任务清单如表 2-9 所示。

表 2-9　购租厂房任务单

学习任务	购租厂房
职业能力	能够根据厂房规则，为企业持续经营制定最好的厂房策略
学习目标	掌握购租厂房的实操，解读购租厂房的规则，解答日常疑问
资讯方式	1.教师提供；2.互联网查询；3.学生交流
学习内容	1.实操购租厂房任务； 2.解读购租厂房规则； 3.利用厂房贴现融资
思政元素	在整体投资规划的指导下，根据战略规划、按照控制风险和持续经营的理念，合理地确定厂房的规模和选择置办厂房的方式，充分利用企业的有限资源
学习方式	教师引导，学生相互讨论，以交流的形式完成学习

二、购租厂房实操

在"经营"界面单击"购租厂房"按钮，进入"购租厂房"界面，如图 2-20 所示。在"购租厂房"界面显示"厂房类型"，单击下拉菜单，有大厂房、小厂房两种类型可供选择，以及购买的资金数额、租用的租金额。

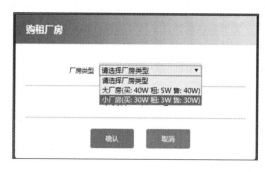

图 2-20　"购租厂房"界面

根据经营策略选择厂房类型以及置办方式。系统最多有四个空地可供购租厂房选择，看老师参数如何定，可以是四个，可以是三个，也可以是两个，但最少要两个。购租时可以任意组合，大小厂房组合、购买与租用组合。

年度规划与经营流程表(参见表 2-6)显示,若我们选择购买一个大厂房,则购买资金 40 万元,单击"确认"按钮,系统扣除 40 万元,资金余额为 40 万元。

三、购租厂房规则解读

(1) 厂房购买、租用、出售的相关信息如表 2-10 所示。

表 2-10 厂房购买、租赁、出售信息表

厂房	买价	租金	售价	容量
大厂房	40W	5W/年	40W(4Q)	6 条生产线
小厂房	30W	3W/年	30W(4Q)	4 条生产线

(2) 厂房租用期满。每季均可租或买,租满一年的厂房在满年的季度(如第二季租的,则在以后各年第二季为满年,可进行处理),需要用"厂房处置"进行"租转买""退租"(当厂房中没有任何生产线时)等处理,如果未加处理,则原来租用的厂房在满年季末自动续租。

(3) 厂房不计提折旧。这和会计制度不同。

(4) 生产线不允许在不同厂房之间移动。

四、厂房贴现

当企业资金紧张时,可以贴现厂房获取资金,以缓解资金困难的现状。在"经营"界面单击"厂房贴现"按钮,进入"厂房贴现"界面,如图 2-21 所示,选择要贴现的厂房,单击"确认"按钮,厂房贴现完成。

图 2-21 "厂房贴现"界面

厂房出售可以获得 4Q 账期的应收账款,再将应收账款予以贴现。

(1) 如果无生产线，现金额等于卖出价进行 4Q 账期应收账款贴现(扣除贴现费用，贴现费用向上取整)。

(2) 如果有生产线，卖出价进行 4Q 账期应收款贴现后，再扣除厂房租金(如出售有生产线的大厂房，40 万元应收款转为现金 30 万元，贴现费用 5 万元，租金 5 万元；出售小厂房则为 30 万元应收款转为现金 23 万元，贴现费用 4 万元，租金 3 万元)。

(3) 系统自动全部贴现，不允许部分贴现。

五、厂房处理

当企业资金充足，需要将租用的厂房买回时，单击"厂房处理"按钮，进入"厂房处理"界面，如图 2-22 所示。在这个界面中显示厂房处理有三种方式，即卖出(买转租)、退租和租转买。选择其中的一种方式和要处理的厂房，单击"确认"按钮，厂房处理完成。

图 2-22 "厂房处理"界面

其中，"卖出"厂房后，获取厂房价值 4Q 的应收账款，如果厂房中还有生产线，则会扣除厂房的租金；"退租"是将没有生产线的厂房退出租的状态；"租转买"则是将厂房由租的状态转换成买的状态。

需要强调的是，"退租"和"租转买"必须在租期满一年或几年整的状态下操作。

六、厂房购租常见问题解答

(一)买大厂房还是买小厂房？

买小厂房是保守经营策略，只能容纳四条生产线，企业很难扩大规模。一般情况下，建设初期建议买大厂房，大厂房的容量是六条生产线，是未来扩大生产规模、保证产能的基本保障；到第三年之后可以根据经营情况考虑买小厂房。

(二)买厂房合适还是租厂房合适？

首先，建议购买厂房，买厂房是为企业置办有价值的资产，减少的是现金，增加的是固定资产，当资金短缺时可以贴现厂房获取现金，解决企业短期经营困境。如果为了省钱而租厂房，每年都需要交纳租金，而租金是计入综合费用的，直接减少当年的利润(如果租大厂房，直接减少 5 万元利润)，同时减少所有者权益，如果企业经营困难，反而会因为权益低而无法获取银行贷款，导致企业经营更加困难。

其次，并不否定租厂房，如果经营规划科学，租厂房也能经营得非常好。一般情况下，购买厂房是四条生产线开局经营，如果租厂房则需要增加开局生产线的数量，比如六条生产线，这样可以增加产能、扩大销售，取得更多的利润来弥补因厂房租金减少的权益；但是租厂房有个前提是大产能生产的产品都能卖出去，即市场需求大、竞争不激烈，否则租厂房的优势就无法发挥。

七、厂房购租学习自测

本子任务的自测清单如表 2-11 所示。

表 2-11　厂房购置任务自测单

学习子任务	购置厂房
学习目标	能够根据规则操作厂房购置的相关业务，确定有利于企业发展的厂房策略
自我测试	1.明确厂房购置的规则了吗？ 2.厂房如何贴现？ 3.你认为租厂房合理还是购置厂房合理？ 4.思政元素：购置厂房方案体现持续发展的理念了吗？在置办厂房时如何规避投资风险？
学习反思	
学习评价	自评：

任务实操二

子任务 2-2-2　建设生产线

一、接建设生产线任务单

本子任务的任务清单如表 2-12 所示。

表 2-12　建设生产线任务单

学习任务	建设生产线
职业能力	能够为企业持续经营制定最好的生产线组合策略
学习目标	掌握建设生产线的实操，解读建设生产线、转产生产线、出售生产线的规则，解答日常疑问
资讯方式	1.教师提供；2.互联网查询；3.学生交流
学习内容	1.实操建设生产线任务； 2.解读生产线购买、转产、折旧、维护与出售规则； 3.答疑建设生产线
思政元素	根据战略规划、按照控制风险和持续经营的理念，合理地确定生产线的投资规模和选择生产线类型，充分利用企业的有限资源
学习方式	教师引导，学生相互讨论，以交流的形式完成学习

二、建设生产线实操

在"经营"界面单击"新建生产线"按钮，进入"新建生产线"界面，如图 2-23 所示。

图 2-23　"新建生产线"界面

界面显示有"所属厂房""类型""生产产品"三个信息，单击"类型"按钮的下拉菜单，显示有手工线、半自动、全自动和柔性线四种类型可供选择，以及所需要的投资额。根据经营策略选择生产线类型以及生产的产品。

实操步骤及说明：

经营流程表 2-6 中显示，我们计划建设两条柔性线、两条自动线。

(1) 我们第一季度计划建设两条柔性线，均生产 P1 产品。在"新建生产线"界面，单击"类型"的下拉菜单选择柔性生产线、生产产品选 P1，单击"确认"按钮，系统扣除 5 万元；再在下拉菜单中选择柔性生产线、生产产品选 P1，单击"确认"按钮，系统又扣除 5 万元。这一步只是完成了第一季度的建设。请看生产线规则。

(2) 根据规则柔性生产线需要四个季度的建设期，其投资额 20 万元需要在四个季度中平均支付，也就是每条生产线每个季度均支付 5 万元。

(3) 柔性生产线需要在第二季度、第三季度、第四季度，通过"在建生产线"菜单，完成后续的投资建设，如图 2-24 所示。

图 2-24 "在建生产线"界面

(4) 同样，我们计划的两条自动线，需要三个季度的建设期，所以在第二季度开始"新建生产线"，生产 P2 产品，在第三季度、第四季度通过"在建生产线"菜单完成后续的投资建设。

(5) 一个季度可以操作多次，一次只能建设一条生产线。

三、建设生产线规则解读

生产线的类型与购买、安装与生产周期、转产与维护、出售的相关信息如表 2-13 所示。

(一)生产线购买

(1) 投资新生产线时不是一次性地支付价款，而是按照安装周期平均支付投资。

(2) 一条生产线待最后一期投资到位后，下一季度才算且必须算安装完成，安装完成的生产线当季可以投入使用。

(3) 生产线一经开始投资,不允许搬迁移动(包括在同一厂房内的生产线)。

(4) 模拟企业之间不允许相互购买生产线,只允许向设备供应商(交易处)购买。

表2-13 生产线相关信息表

生产线	买价	安装周期	生产周期	转产周期	转产费	维护费	出售残值
手工线	5W	无	3Q	无	无	1W/年	1W
半自动	10W	2Q	2Q	1Q	1W	1W/年	2W
全自动	15W	3Q	1Q	1Q	2W	1W/年	3W
柔性线	20W	4Q	1Q	无	无	1W/年	4W

(二)生产线转产

单击"生产线转产"按钮,进入"生产线转产"界面,如图2-25所示,选中要转产的生产线和转产的产品,单击"确认转产"按钮,转产操作完成。

图2-25 "生产线转产"界面

由于生产线新建时,就确定了生产什么产品。当市场订单发生变化、经营策略需要调整时,现有生产线就存在转产其他产品的问题。除了柔性线以外,其他类型的生产线均需要一定的转产周期并支付一定的转产费用。当最后一笔转产费用支付到期,下一个季度方可更换产品标识,生产新的产品。

没有建设完工的生产线是不能进行转产操作的,所显示的信息是"当前没有可以转产的生产线"。

(三)生产线维护

当年在建的生产线和当年出售的生产线不用交设备维护费,其他均需缴纳维护费(包括转产中的生产线),年末系统自动扣除。

(四)生产线折旧

每条生产线按照平均年限法计提折旧,当年完工建成的生产线不提取折旧费用,下一年开始提取折旧费用。比如按照我们的规划,第一年一季度安装柔性生产线,则第二年一季度投产,第二年不提取折旧费用,第三年开始计提折旧。

折旧计提情况如表 2-14 所示。

表 2-14 生产线折旧计算表

生产线	购买价格	残值	第 1 年	第 2 年	第 3 年	第 4 年	第 5 年
手工线	5W	1W	0	1W	1W	1W	1W
半自动	10W	2W	0	2W	2W	1W	1W
全自动	15W	3W	0	3W	3W	3W	3W
柔性线	20W	4W	0	4W	4W	4W	4W

(五)生产线出售

单击"出售生产线"按钮,进入"出售生产线"界面,如图 2-26 所示,选择要出售的生产线,单击"确认"按钮。出售生产线时,价格为残值,净值与残值之差计入综合费用表的其他费用,算作损失。

图 2-26 "生产线出售"界面

没有在制品的空生产线才能出售，转产中的生产线不能出售。

(六)生产线生产产品

所有类型的生产线都能生产各种产品(P1、P2、P3、P4)，所需支付的加工费相同，一个产品 1 万元的加工费用。

四、生产线建设常见问题解答

(一)为什么生产线要在第一年投资建设完工？

生产线在第一年投资建设完工，是为了保证在第二年开始就能生产产品，保证在当年尽可能多地销售产品，提高销售收入以保证所有者权益。如果建设延续到第二年，生产产能就上不去，销售量也就上不去，利润就得不到保障，现金流入就会少，又该如何偿还第一年的贷款呢？如果还不上贷款，又不能取得新的贷款，则资金流断矣。

(二)自动生产线为什么在第二季度开始建设？

根据规则生产线建设完工的当年末，每条生产线需支付 1 万元的维护费用，如果从第一季度建设，第一年的第四季度就完工，就要支付设备维护费用，维护费也计入综合费用，直接减少利润；同样第二年设备就要计提折旧。我们来算算账，如果两条自动生产线在第一季度开始投资，第一年就需要交 2 万元维护费用，利润直接减少 2 万元，第二年提 6 万元折旧费用，利润也直接减少 6 万元。

(三)为什么要建柔性生产线生产 P1 产品？

柔性生产线的投资大、建设期也长，生产效率和自动生产线一样，为什么要建柔性生产线呢？柔性生产线的最大优点是灵活性好，转产不需要转产周期和转产费用，可以很好地适应市场变化。之所以定位产 P1，也是计划着可以转产其他产品(比如 P3)，因为 P1 产品在前期需求大，价格也还可以，但是市场需求会越来越少，价格也是低趋。

还有一点要说明，在变幻莫测的市场中，参加订货会抢的订单脱离规划的可能性很大，企业必须及时调整生产策略，那么转产的概率很多，这时柔性线的优越性显而易见，柔性线可以灵活应对变幻莫测的市场。所以，在大规模沙盘比赛中，多建设柔性线是非常必要的。

五、建设生产线学习自测

本子任务的自测清单如表 2-15 所示。

表 2-15　建设生产线任务自测单

学习子任务	建设生产线
学习目标	能够根据规则操作建设生产线的相关业务，确定有利于企业发展的生产线策略
自我测试	1.明确建设生产线的规则了吗？ 2.为什么不全部建设成自动线呢？ 3.可以考虑使用手工线和半自动线吗？ 4.思政元素：生产线建设方案体现持续发展的理念了吗？在建设生产线时如何规避投资风险？
学习反思	
学习评价	自评：

任务实操三

子任务 2-2-3　研发产品

一、接研发产品任务单

本子任务的任务清单如表 2-16 所示。

表 2-16　研发产品任务单

学习任务	研发产品
职业能力	能够为企业持续经营制定最好的产品组合策略
学习目标	掌握研发产品的实操，解读研发产品的规则，解答日常疑问
资讯方式	1.教师提供；2.互联网查询；3.学生交流
学习内容	1.实操研发产品任务； 2.解读研发产品规则； 3.研发产品答疑
思政元素	根据战略规划、按照控制风险和持续经营的理念合理制定产品研发方案，充分利用企业有限的资源，并以创新的理念指导产品研发
学习方式	教师引导，学生相互讨论，以交流的形式完成学习

二、研发产品实操

想要生产某种产品，必须首先进行产品研发，研发成功的产品还要获得该产品的生产资格才可以进行生产。

实操步骤及说明：

在"经营"界面单击"产品研发"按钮，进入"产品研发"界面，如图 2-27 所示。选中要研发的产品，单击"确认"按钮。

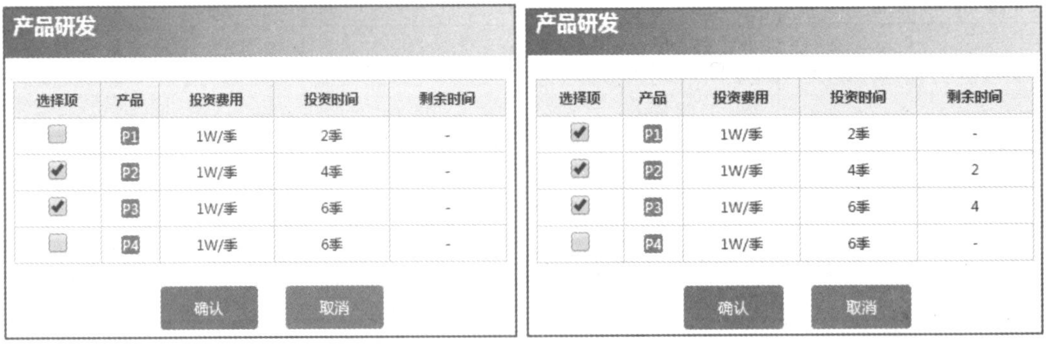

图 2-27　"产品研发"界面

经营流程表2-6中显示，我们第一年计划研发P1、P2、P3三个产品。

(1) 单击"产品研发"按钮，在"产品研发"界面，选中要研发的P2、P3产品，单击"确认"按钮，系统扣除2万元，完成第一季度投资。第二季度相同的操作，继续研发P2、P3产品。

(2) 第三季度开始，增加研发P1产品，在"产品研发"界面，选中要研发的P1、P2、P3产品，单击"确认"按钮，系统扣除3万元。第四季度进行相同的操作，继续研发P1、P2、P3产品，系统扣除3万元，其中P1、P2产品研发投资完成。

(3) 第二年的第一季度、第二季度继续研发P3产品。

三、研发产品规则解读

各产品研发时间、投资额如表2-17所示。

表2-17 产品研发时间与投资表

产品	P1	P2	P3	P4
研发时间	2Q	4Q	6Q	6Q
研发总投资	2W	4W	6W	6W
每季度支付	1W	1W	1W	1W

(1) 新产品研发需要按研发周期，每季平均支付研发费用。

(2) 新产品研发可以中断或终止，但不允许超前或集中投入，如终止研发，已投入的研发费用不能收回。

(3) 资金短缺时可以延期，但必须完成投资后方可接单生产。

(4) 研发投资计入综合费用。

(5) 研发投资完成后获取产品生产资格。图2-28所示的是物理沙盘的产品生产资格证书。

图2-28 产品生产资格证

四、研发产品常见问题解答

(一)为什么不把P1、P2、P3、P4四个产品都研发出来？

可以只研发其中几个产品，也可以全部研发四个产品。如何组合取决于企业的经营规划。在资金许可的前提下，将四个产品全部研发出来，是给企业更大的产品组合灵活性。

但是根据市场预测表可以发现，P4 产品在第五年才有需求，可以在第二年开始考虑研发，第四年开始生产。根据市场需求，选择最优的产品组合进行生产，能够增加企业竞争力。所以什么时候研发 P4，取决于企业的资金状况和市场需求。

(二)企业需要同时生产四种产品吗？

研发出来的产品不是必须都要生产，需要生产的产品如何组合，需要根据资金情况、市场需求、产品定价、生产产能、材料供应、经营组织能力等综合考虑。从客观上说，如果四个产品同时生产，会分散企业的资源，增加生产、采购的复杂性，对企业的经营组织能力要求高。应该根据市场需求、价格、生产资源等，选择对企业有利的产品组合进行生产。即使研发出来的产品不投入生产，也会增加公司的价值，最终体现在经营评价分值上。

五、研发产品学习自测

本子任务的自测清单如表 2-18 所示。

表 2-18　研发产品任务自测单

学习子任务	研发产品
学习目标	能够根据规则操作研发产品的相关业务，确定有利于企业发展的产品研发策略
自我检测	1.明确研发产品的规则了吗？ 2.你选择的产品研发策略是什么？ 3.思政元素：产品研发方案体现持续发展的理念了吗？在进行产品研发过程中如何践行创新理念？
学习反思	
学习评价	自评：

任务实操四

子任务 2-2-4　开拓市场

一、接开拓市场任务单

开拓市场包括市场划分及市场准入和 ISO 认证两部分内容。这两个操作都是每年操作一次，在第四季度操作。本子任务的任务清单如表 2-19 所示。

表 2-19　开拓市场任务单

学习任务	研发产品
职业能力	能够为企业持续经营、扩大销售、提高权益制定最好的市场开发策略
学习目标	掌握开发市场、ISO 资格认证的实操，解读开发市场、ISO 资格认证的规则，解答日常疑问
资讯方式	1.教师提供；2.互联网查询；3.学生交流
学习内容	1.实操开发市场、ISO 资格认证。 2.解读开发市场、ISO 资格认证规则。 3.开拓市场答疑
思政元素	根据战略规划、按照控制风险和持续经营的理念合理制定市场开发方案，充分利用企业有限的资源
学习方式	教师引导，学生相互讨论，以交流的形式完成学习

二、市场划分与市场准入

(一)开发市场实操

市场是公司进行产品销售的场所，市场覆盖面和市场占有率标志着公司的销售实力。公司目前需要开发的新市场包括本地市场、区域市场、国内市场、亚洲市场、国际市场。

实操步骤及说明：

在"经营"界面单击"市场开拓"按钮，进入"市场开拓"界面，如图 2-29 所示。
在图 2-29 中，选中要开拓的市场，单击"确认"按钮，投资操作完成。
经营流程表 2-6 中显示，我们计划开发本地市场、区域市场、国内市场、亚洲市场、国际市场。

(1) 在第四季度，单击"市场开拓"按钮，在"市场开拓"界面，选中要开发的本地市场、区域市场、国内市场、亚洲市场、国际市场，单击"确认"按钮，系统扣除 5 万元，完成第一年度投资，本地市场、区域市场开发投资完成。

(2) 第二年的第四季度进行相同的操作，继续开发国内市场、亚洲市场、国际市场，在“市场开拓”界面，选中要开发的国内市场、亚洲市场、国际市场，单击“确认”按钮，系统扣除 3 万元，国内市场开发投资完成。

(3) 第三年的第四季度，继续开发亚洲市场、国际市场，在“市场开拓”界面，选中要开发的亚洲市场、国际市场，单击“确认”按钮，系统扣除 2 万元，亚洲市场开发投资完成。

(4) 第四年的第四季度继续开发国际市场，在“市场开拓”界面，选中要开发的国际市场，单击“确认”按钮，系统扣除 1 万元，国际市场开发投资完成。

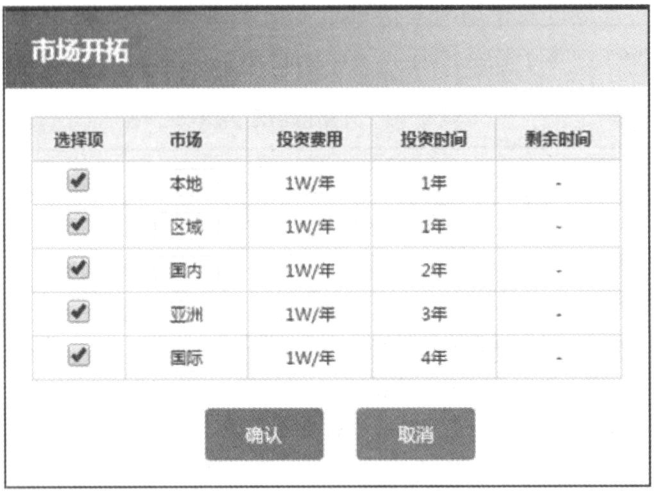
市场开拓

选择项	市场	投资费用	投资时间	剩余时间
✔	本地	1W/年	1年	-
✔	区域	1W/年	1年	-
✔	国内	1W/年	2年	-
✔	亚洲	1W/年	3年	-
✔	国际	1W/年	4年	-

确认 取消

图 2-29 “市场开拓”界面

(二)开发市场规则解读

不同的市场投入的费用及时间不同，相关信息如表 2-20 所示。

表 2-20 各市场投入的费用及时间

市 场	开拓费用/元	持续时间
本地	1W	1 年
区域	1W	1 年
国内	1W	2 年
亚洲	1W	3 年
国际	1W	4 年

(1) 市场开发按照年度投资，每年只在第四季度投资。

(2) 开发费用按开发年度平均支付，每年投资 1 万元，不允许加速投资。

(3) 各市场开发可同时进行。

(4) 资金短缺时可随时中断或终止投入，但必须完成全部投资后方可在该市场上投放广告。

(5) 投资不到位视为放弃该市场。

(6) 市场开拓完成后，获取相应的市场准入资格。

(7) 市场开发费用计入综合费用中。

(三)开发市场常见问题解答

1. 开发出来的市场必须投放广告吗？

开发出来的市场不是必须都要投放广告的，投不投广告取决于企业的营销策略，如果要在某个市场销售产品就必须投放广告，否则就不用投放广告。广告投放策略是要根据企业产品策略、市场需求、产品定价、产品组合、资金情况等因素确定。可以采取撒网式的投放广告，但是撒网式投放广告会分散资金资源，也很难抢到好订单；也可以集中有重点地投放广告，集中资源，重点突破，有针对性地投放广告，有利于选择对企业有利的订单。但是即使开发出来的市场不投放广告销售产品，也会增加公司的价值，最终体现在经营评价分值上。

2. 投放广告有哪些技巧？

投放广告需要考虑资金、市场需求、价格与竞争对手的经营策略等因素。

(1) 广告投放前，需要认真分析市场预测表。比如在均价较高或者市场需求量较大的市场多投放广告，但是这种策略不一定是绝对正确的，市场广告投放得是否合理，要看竞争对手的投放情况。如果各企业都在相同的市场、相同的产品上投放广告，那么会导致市场竞争激烈，即使投放较多的广告，也可能只抢到较少的订单；相反，如果本企业投放广告的市场只有很少的企业参与竞争，那么很少的广告费也能获得较多的订单。这需要各企业营销总监有博弈的思维或者说逆向思维，选择合适的市场投放广告。

(2) 调查竞争对手的策略。通过每年末的询盘或者调查对手情况，调研市场上生产相同产品的企业数以及对手的产品生产量，决定各市场广告的投放数量。一方面，广告不是越多越好，过多的广告费虽然可以获得较多的订单，但由于产能限制，导致广告浪费。比如 P1 产品，其直接成本为 2 万元，如果单价为 4 万元，其毛利为 2 万元，还要分摊当年的综合费用和折旧费用，所以一个 P1 产品承担的广告费超过 2 万元，就无法盈利。另一方面，广告过少，会导致获得订单过少，产品积压，不足以弥补固定费用时，企业亏损，从而影响以后的运营。

(3) 拆单，确定目标市场。合理利用市场预测表中的需求量和订单数量，可以自行完成拆单工作，预估市场单张订单产品数量。比如本地 P1 产品需求量为 71 个，订单数量为 24 个，那么平均产品数量为 3 个，最大订单产品数一般为两倍，可能为 5 个或 6 个，依次预估四个产品的订单数等。根据订单数量来判断投放多少广告费用。

三、ISO 认证

随着国际间的交流与共享，客户的质量意识和环境意识越来越强。经过一段时间的市场孕育，最终会反映在客户订单中。所以相关认证工作要跟上。

(一)ISO 认证实操

实操步骤及说明：

在"经营"界面单击"ISO 投资"按钮，进入"ISO 投资"界面，如图 2-30 所示，选中要投资的项目，单击"确认"按钮。

图 2-30 "ISO 投资"界面

经营流程表 2-6 中显示，我们计划认证 ISO 9000。在第一年的第四季度单击"ISO 投资"按钮，选中 ISO 9000 认证项目，单击"确认"按钮，系统扣除 1 万元；同样第二年的第四季度做相同的操作，系统扣除 1 万元。

(二)ISO 认证规则解读

ISO 资格认证时间及认证费用如表 2-21 所示。

表 2-21 认证时间与认证费用表

ISO 认证体系	ISO 9000 质量认证	ISO 14000 环境认证
持续时间	2 年	2 年
认证费用/元	1W/年	2W/年

(1) ISO 认证按照年度投资，每年只在第四季度投资。

(2) 认证费用按开发年度平均支付，不允许加速认证投资。

(3) ISO 9000 质量认证、ISO 14000 环境认证可同时进行。

(4) 资金短缺时可随时中断或终止认证投入，但必须完成全部投资后方可获取认证资格。

(5) 认证投资不到位视为放弃。

(6) 认证投资完成后，获取相应的认证资格，可以选择有相关认证的市场订单或客户订单。

(7) 认证费用计入综合费用中。

(三)ISO 相关链接

ISO 是一个组织,全称是 International Organization for Standardization,即"国际标准化组织"。ISO 的宗旨是:"在世界范围内促进标准化工作的发展,以利于国际物资交换和互助,并扩大知识、科学、技术和经济方面的合作。"

认证的英文原意是一种出具证明文件的行动。ISO/IEC 指南 2:1986 中对"认证"的定义是"由可以充分信任的第三方证实某一经鉴定的产品或服务符合特定标准或规范性文件的活动。"第三方必须有绝对的权力和威信,必须独立于第一方和第二方之外,必须与第一方和第二方没有经济上的利害关系,一般由国家或政府的机关直接担任这个角色,或者由国家或政府认可的组织担任这个角色,这样的机关或组织就叫作"认证机构"。

ISO 9000 不是指一个标准,而是一组标准的统称。"ISO 9000 族标准"是指由 ISO/TC176 制定的所有国际标准。TC176 即 ISO 中第 176 个技术委员会,TC176 专门负责制定质量管理和质量保证技术的标准。

ISO 14000 系列标准是为促进全球环境质量的改善而制定的一套环境管理的框架文件,目的是为了加强组织(公司、企业)的环境意识、管理能力和保障措施,从而达到改善环境质量的目的。

四、开拓市场学习自测

本子任务的自测清单如表 2-22 所示。

表 2-22 开拓市场任务自测单

学习子任务	开拓市场
学习目标	能够根据开发市场和 ISO 认证规则操作建设开拓市场的相关业务,确定有利于企业发展市场开发和 ISO 认证策略
自我检测	1.明确开发市场和 ISO 认证的规则了吗? 2.你选择的市场开发和 ISO 认证策略是什么?

续表

学习子任务	开拓市场
自我检测	3.思政元素:在市场开发中如何体现持续发展的理念?在进行市场开发时如何规避风险?
学习反思	
学习评价	自评:

【任务思考】

1. 谈谈你对建设投资的初步认识。
2. 建设投资对企业有哪些影响?
3. 思考比较京东的自建物流与淘宝的租建物流。
4. 请谈谈企业持续发展的理念以及企业持续发展对社会、对国家的贡献。

【任务评价】

本学习任务的评价清单如表 2-23 所示。

表 2-23　建设投资学习任务评价

学习任务	建设投资
学习目标	能够依据年度规划,根据相关规则完成购租厂房、建设生产线、研发产品、开拓市场的实操操作,能够初步选择相关的投资策略为模拟经营提供条件保障
学习结果描述	1.请描述一下建设投资的内容。 2.各项投资的支付有什么特点? 3.你能初步完成制定建设规划吗?分享一下你的投资规划方案。 4.思政元素:谈谈你对企业持续发展与资源充分利用的关系,控制风险与持续发展之间的关系。
学习反思	
学习评价	自评:　　　　　互评:　　　　　教师评价:

模块二　ERP 沙盘模拟经营实操入门

学习任务 2-3　经营日常业务

【任务导学】

企业日常经营包括供应、生产、销售活动，即材料采购、产品生产与产品销售，属于企业常规业务。建设投资完成之后，维持企业持续经营与发展则更多取决于日常业务的健康与否，产能如何、销售如何、现金流如何，都会影响企业经营的顺利与否。本学习任务主要学习内容包括采购原材料、生产产品与按订单交货。图 2-31 所示为经营日常业务思维导图。

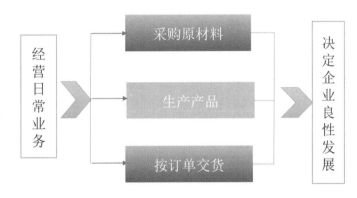

图 2-31　经营日常业务思维导图

【接任务单】

本学习任务的任务清单如表 2-24 所示。

表 2-24　经营日常业务任务单

学习任务	经营日常业务
职业能力	通过经营日常业务的实操，能够解读采购原材料、生产产品、按订单交货和应收账款更新的规则，能够合理地规划日常经营业务，保证企业的良性发展
学习目标	1.掌握采购原材料、生产产品、按订单交货的实操； 2.熟知采购原材料、生产产品、按订单交货的规则
资讯方式	1.教师提供；2.互联网查询；3.学生交流
学习内容	1.实操采购原材料业务并解读其规则； 2.实操生产产品业务并解读其规则； 3.实操按订单交货业务并解读其规则； 4.实操应收账款更新业务并解读其规则
思政元素	依法从事日常经营活动，树立合作、诚信、廉洁、责任、标准、安全的意识
学习方式	教师引导，学生相互讨论，以交流的形式完成学习

任务实操一

子任务 2-3-1　采购原材料

一、接采购原材料任务单

本子任务的任务清单如表 2-25 所示。

表 2-25　采购原材料任务单

学习任务	研发产品
职业能力	能够根据产品组合策略，制订原材料采购计划
学习目标	掌握采购原材料的实操，解读采购原材料规则，解答日常疑问
资讯方式	1.教师提供；2.互联网查询；3.学生交流
学习内容	1.实操原材料入库与规则解读 2.实操下原材料订单与规则解读 3.采购原材料业务学习答疑
思政元素	原材料制约产品的成本与质量，需要与供应商、研发、销售、生产各个部门的合作，合作、诚信、责任、廉洁是采购环节的核心理念
学习方式	教师引导，学生相互讨论，以交流的形式完成学习

采购原材料有两个环节，即下原材料订单和原材料入库。ERP 沙盘模拟经营系统的流程是先操作原材料入库或更新原材料环节，再进入下原材料订单环节。

二、原材料入库/更新原材料订单

这一环节是供应商发出的订货已经运抵公司，公司必须按照订货数量接受货物并支付货款，简单地说就是支付原材料货款的环节。

(一)原材料入库实操

在"经营"界面单击"更新原料库"按钮，进入"更新原料"界面，如图 2-32 所示。系统会根据企业下的原材料订单数量，自动显示付款的金额，单击"确认"按钮后，货款支付，同时原材料入库。

原材料入库后即可上生产线加工。原材料的采购单价如表 2-26 所示。

根据规划流程表 2-26 显示，第一年主要是建设年，没有原材料入库。当没有原材料入库时，付款金额显示为 0，单击"确认"按钮，进入下一个工作环节——下原材料订单。

图 2-32 "更新原料"界面

表 2-26 原材料采购单价

市　　场	采购单价/元
R1	1W
R2	1W
R3	1W
R4	1W

(二)原材料入库规则解读

(1) 没有下订单的原材料不能采购入库。

(2) 所有下订单的原材料到期必须采购入库。

(3) 原材料采购入库时必须支付现金。

温馨提示：即使没有原材料入库业务，也需要单击"更新原料库"按钮。因为"更新原料库"是个转折按钮，必须单击后才能进入下一个环节。

三、下原材料订单

下原材料订单是指根据原材料的采购周期和生产产品需要的材料数量，向原材料供货商发出订单的请求。下原材料订单时，不需要支付货款，入库时再付款。

(一)下原材料订单实操步骤及说明

在"经营"界面单击"订购原料"按钮，进入"订购原料"界面，如图 2-33 所示。输入要订购的原材料数量，单击"确认"按钮，下订单工作完成。

根据年度规划与经营流程表 2-6 显示，我们在第三季度下了 2R3，第四季度下了 2R1、2R2、2R3。

(1) 在第三季度，单击"订购原料"按钮，进入"订购原料"界面，在 R3 处输入 2，单击"确认"按钮，下订单工作完成；

(2) 在第四季度，单击"订购原料"按钮，进入"订购原料"界面，分别在 R1、R2、R3 处输入 2，单击"确认"按钮，下订单工作完成。

图 2-33 "订购原料"界面

(二)下原材料订单规则解读

(1) 采购提前期。R1、R2 需要提前一个季度下订单,R3、R4 需要提前两个季度下订单,如图 2-34 所示。

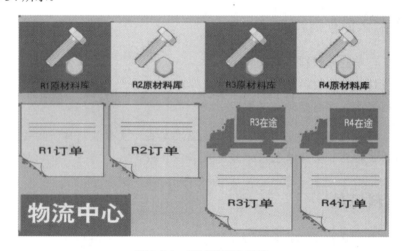

图 2-34 原材料采购周期

(2) 原材料订单数量的确定。生产不同产品需要耗用不同的材料,各产品耗用的原材料如表 2-27 所示。在零库存的前提下原材料采购数量就是生产产品耗用的数量。

表 2-27 产品耗用的原材料

产品名称	产品组成
P1	R1
P2	R2+R3
P3	R1+R3+R4
P4	R2+R3+2R4

根据规则解释规划流程图中原材料订单数量即三季度订 2R3,第四季度订 2R1、2R2、2R3 的来由。

根据建设生产线的规划，在第二年用两条自动线生产 P2 产品，两条柔性线生产 P1 产品，两种生产线的生产效率均是每条生产线每个季度生产一个产品，如果第三季度不转产，则第二年每个季度生产的产品与耗用的材料如表 2-28 所示。

表 2-28　产品耗用材料计算表

第一年		第二年				
3Q 下单	4Q 下单	季度	1Q	2Q	3Q	4Q
		产品数量	2P1 2P2	2P1 2P2	2P1 2P2	2P1 2P2
2R3	2R1 2R2 2R3	耗用材料	2R1 2R2 2R3	2R1 2R2 2R3	2R1 2R2 2R3	2R1 2R2 2R3

第二年的第一季度需要的 2R1、2R2 材料需要提前一个季度下订单，即第一年的第四季度下订单；第一季度需要的 2R3 需要提前两个季度下订单，即第一年的第三季度下订单。

同样第二年的第二季度需要的 2R3 材料则在第一年的第四季度下订单。其他依次类推。

(3) 原材料紧急采购。如果原材料库存不足，不能满足生产的需求，可以采取紧急采购的方式，付款就到货，价格为规则单价的两倍。上报报表时，原材料按照规则单价记录，紧急采购多出的成本计入费用的损失项。

四、采购原材料常见问题解答

(一)原材料是否可以多采购？

按照我们的采购方法，目的是保证最佳的库存即零库存、最大限度地充分利用有限的资金。如果要多采购原材料，首先必须准备充足的现金，同时必须根据产品的材料构成，确定各种材料的采购数量，不能随心所欲地采购。科学合理地保证原材料的库存，可以更灵活地应对市场需求的变化。

(二)现实中能够像 ERP 系统这样采购原材料吗？

现实中应该不可能随时多频率地采购原材料，因为采购材料需要人力、物力和财力，不仅会产生买价成本，还会产生采购费用、仓储费用等，需要综合考虑，确定最佳的经济批量。

五、采购原材料学习自测

本子任务的自测清单如表 2-29 所示。

表 2-29　采购原材料任务自测单

学习子任务	采购原材料
学习目标	能够根据原材料入库和下原材料订单规则操作原材料采购的相关业务,能够计算生产所需要的原材料数量,保证生产的顺利进行
自我检测	1.明确采购原材料的规则了吗? 2.能够计算材料的需用量并下材料订单吗? 3.思政元素:谈谈原材料采购环节诚信、合作、责任、廉洁的理念。
学习反思	
学习评价	自评:

任务实操二

子任务 2-3-2　生产产品与按订单交货

一、接生产产品任务单

本子任务的任务清单如表 2-30 所示。

表 2-30　生产产品与按订单交货任务单表

学习任务	生产产品
职业能力	能够按照规划好的产品策略生产产品，按照订单要求交货，具备诚信的意识
学习目标	掌握生产产品和按订单交货的实操，解读其规则，解答日常的疑问
资讯方式	1.老师提供；2.互联网查询；3.学生交流
学习内容	1.实操生产产品任务并解读其规则； 2.实操更新应收款任务并解读其规则； 3.实操按订单交货任务并解读其规则； 4.生产产品业务答疑
思政元素	生产部门需要按质按量完成市场需要的产品订单，生产过程的管理复杂，科学、标准、安全、诚信是生产环节的核心理念
学习方式	老师引导，学生相互讨论，以交流的形式完成学习

二、生产产品实操与规则解读

(一)生产产品实操

在"经营"界面，单击"开始生产"按钮，进入"开始下一批生产"界面，如图 2-35 所示。选中规划表中计划要生产的产品，单击"确认"按钮，系统扣除产品加工费。

图 2-35　"开始下一批生产"界面

根据年度规划表 2-6 所示，新建的两条柔性线生产 P1，两条自动线生产 P2，在"开始生产"界面,分别单击"开始生产"按钮,系统扣除产品 4 万元加工费。

(二)生产产品规则解读

各产品耗用的原材料、加工费及直接成本如表 2-31 所示。

表 2-31 产品直接成本构成

产品	开发费用/元	研发周期	加工费用/元	产品组成	直接成本/元
P1	1W/Q	2Q	1W	R1	2W
P2	1W/Q	4Q	1W	R2+R3	3W
P3	1W/Q	6Q	1W	R1+R3+R4	4W
P4	1W/Q	6Q	1W	R2+R3+2R4	5W

(1) 每条生产线只能有一个产品在线,不能同时生产两个及以上产品。
(2) 产品上线时需要支付加工费,不同生产线、不同产品需要支付的加工费都是 1 万元。
(3) 空闲的生产线才能上线生产产品。
(4) 更新生产/完工入库后,已经上线的在制品完工入库,又开始生产下一批新的产品。
(5) 产品直接成本的构成包括产品加工费和材料成本两部分。

温馨提示:开始生产产品的前提条件如下。
(1) 生产线建设完工。
(2) 产品研发成功,获得许可生产资格。
(3) 有能够满足产品生产的原材料(采购总监和生产总监必须清楚原材料的入库数量)。
(4) 有支付加工费的现金。

三、更新应收账款实操与规则解读

单击"应收款更新"按钮,进入"应收款更新"界面(如图 2-36 所示),单击"确认"按钮,更新后款项到账增加现金余额。

图 2-36 "应收款更新"界面

应收账款更新按钮说明如下。
(1) 更新应收款/应收款收现是应收账款到期变成现金的节点。产品及时交货后,账期为零的订单账款会自动到账,其他账期的账款需要操作"应收款更新"按钮,确认更新,账款才能到账。

(2) 商战系统自动显示到期账款的数额，当没有应收款到期时，界面"收现金额"显示为 0。

(3) "更新应收账款"按钮是个转折按钮，确认更新后，才进入下一界面的菜单。

四、提交订单交货实操与规则解读

在"经营"界面，单击"按订单交货"按钮，进入"交货订单"界面，如图 2-37 所示，显示企业所选择的订单，在要交货的订单后单击"确认交货"按钮，完成交货任务。

订单编号	市场	产品	数量	总价	得单年份	交货期	账期	ISO	操作
S212_14	本地	P2	3	21W	第2年	4季	3季	-	确认交货
S221_02	区域	P1	5	24W	第2年	4季	2季	-	确认交货
S221_05	区域	P1	5	23W	第2年	4季	1季	-	确认交货
S222_07	区域	P2	2	14W	第2年	4季	1季	-	确认交货

图 2-37 "交货订单"界面

订单交货必须按照以下原则进行。

(1) 严格按照订单要求的数量交货。

(2) 所有订单只在本年度规定的交货期内完成(按订单上的产品数量整单交货)。

(3) 可以提前交货，即在订单规定的交货期之前交货，如订单规定交货期为第四季度，则可以在当年第四季度以前(含第四季度)交货。

(4) 出售产品所得应收款按订单上所写账期，系统会自动记录并增加应收账款的数额，如果账期为 0，则直接进入现金库。

(5) 财务总监和营销总监记录好应收账款相应的账期和数额，或者计入应收账款统计表，能及时明确回款的时间和数额，对现金流有清晰的头绪。

(6) 如果不能在交货期内交货的订单，视为违约订单。违约订单将直接被取消，违约订单的违约金，在当年第四季度结束时，按违约订单总价的 20%向下取整计算违约金，并从现金中自动扣除记入损失中。

(7) 产成品紧急采购。如果产品库存不足，不能满足按时交货，可以采取紧急采购的方式，付款就到货，价格为产品直接成本的三倍。上报报表时，按照直接成本记录，紧急采购多出的成本计入费用的损失项。

五、生产产品与按订单交货问题答疑

企业一年能卖几个产品？

根据规划流程表 2-6 的方案，四条生产线在第二年全部上线生产产品，如表 2-28 所示，第二年的四个季度，每个季度都能上线 2P1、2P2，全年共上线 8P1、8P2，但是实际只能卖 6P1、6P2。因为第四季度上线的 2P1、2P2 还没有下线，完工下线的时间点是第三年的第一季度的季初，进入产成品库，等待第三年抢订单出售，所以第二年只能销售 6P1、6P2。第三年可以卖的产品就是 2P1、2P2+第三年下线的产品。请同学们明确能销售产品的数量，以便科学地选择销售订单，保证及时交货。

六、生产产品与按订单交货学习自测

本子任务的自测清单如表 2-32 所示。

表 2-32　生产产品任务自测单

学习子任务	生产产品
学习目标	能够根据生产产品规则操作生产产品的业务，并能够通过应收账款更新按钮及时回笼销售产品的货款资金
自我检测	1.明确生产产品的规则了吗？简要说明。 2.能够确定每年可以出售产品的数量吗？ 3.能够操作按订单交货吗？简述按订单交货的规则。 4.思政元素：谈谈你对生产环节科学、标准、安全、诚信核心理念的理解。
学习反思	
学习评价	自评：

【任务思考】

1. 谈谈你对日常经营业务的初步认识。
2. 日常经营业务对企业的影响是什么？
3. 经营过程中体现业财融合的思想了吗？
4. 谈谈合作、诚信、廉洁、责任在你人生成长中的价值。

【任务评价】

本学习任务的评价清单如表 2-33 所示。

表 2-33　经营日常业务学习任务评价

学习任务	经营日常业务
学习目标	能够依据年度规划，根据相关规则完成下原材料订单、原材料入库、生产产品、按订单交货的实操操作，能够初步根据建设投资的规划完成日常业务的经营
学习结果描述	1.请描述一下日常业务的内容。 2.描述一下采购、生产、销售环节的关系吗？有没有体现 ERP 的思想？ 3.能初步完成日常业务的操作吗？还存在什么问题？ 4.思政元素：谈谈你对树立合作、诚信、廉洁、责任、标准、安全意识的理解。
学习反思	
学习评价	自评：　　　　　　　　　互评：　　　　　　　　　教师评价：

学习任务 2-4　融资与编制年度现金预算

【接任务单】

本学习任务的任务清单如表 2-34 所示。

表 2-34　融资与编制年度现金预算任务单

学习任务	融资与编制年度预算
职业能力	能够通过长期贷款、短期贷款和应收账款贴现实操与规则解读，根据业务需要确定融资规模，编制现金预算表；明确融资对于企业的意义，合理利用债务资金，为企业带来更大的利益
学习目标	掌握融资的规则，并能够确定融资的数量，编制现金预算表
资讯方式	1.教师提供；2.互联网查询；3.学生交流
学习内容	1.解读长期贷款、短期贷款和应收账款贴现规则； 2.完成长期贷款、短期贷款和应收账款贴现实操； 3.制定融资政策
思政元素	企业贷款的最终目的是保证企业的持续经营，而金融机构贷款给企业是基于企业信用，企业必须守信按期还款，所以企业在保证持续经营的前提下，合规按需融资，做好融资预算，控制财务风险。企业融资的核心理念是合法合规、责任与诚信
学习方式	教师引导，学生相互讨论，以交流的形式完成学习

【任务实操】

资金是公司的命脉，是任何公司经营活动的支持，在 ERP 沙盘模拟经营中，融资的主要渠道是银行贷款，不允许企业与企业之间私自融资。融资的方式就是短期贷款、长期贷款和应收账款贴现三种。

一、短期贷款实操

(一)确定短期贷款数量

企业是否贷款、贷多少款，取决于企业经营的需要，根据经营规划与经营业务、企业自有资金的情况，决定是否向银行贷款以及贷款多少。即根据业务事项及支出现金额，来倒推贷款的数额。

见表 2-6 中第一年的经营规划，根据自有资金满足经营业务需要的状况，计算每个季度的现金余缺，如表 2-35 所示。

表 2-35　第一年经营规划现金余缺情况

单位：万元

季　　度	1Q	2Q	3Q	4Q
季初盘点	80	27	4	-20
现金支出	-53	-23	-24	-30
现金流入	0			
现金余额	27	4	-20	-50

从表 2-35 中可以看出，四个季度共短缺 50 万元的现金，由于规划决定第一年不进行长期贷款，所以必须通过短期贷款解决现金短缺的问题。那么怎么贷、贷多少呢？

在 ERP 沙盘模拟经营中。对于短期贷款，一般采取滚动的策略，如表 2-36 所示，每个季度贷了 20 万元，而不是一下子贷一大笔钱，目的在于防止到期需要偿还大笔贷款，导致现金短缺而经营困难或破产。特别是在经营的前几年，由于产能的制约，销售收入少，回笼的资金也少，容易出现资金困难。

表 2-36　第一年短期贷款情况

单位：万元

季　　度	1Q	2Q	3Q	4Q
季初盘点	80	27	24	20
现金支出	-53	-23	-24	-30
现金流入	0	短期贷款 20	短期贷款 20	短期贷款 20
现金余额	27	24	20	10

(二)申请短期贷款实操

单击"申请短期贷款"按钮，进入如图 2-38 所示的申请"短期贷款"界面，选择贷款年限、输入贷款数额，单击"确认"按钮，贷款任务完成。

图 2-38　"申请短期贷款"界面

(三)解读短期贷款规则

短期贷款的相关规则信息如表 2-37 所示。

表 2-37 短期贷款与还款方式

贷款类型	贷款时间	贷款额度	年息	还款方式	贷款期限
短期贷款	每季度初	长、短期贷款总额为上年所有者权益的三倍	5%	到期一次性还本、付息	1 年

(1) 贷款的时间点是每季季初，每年可以贷款四次。还款的时间点是在 1 年后同季度的季初。

(2) 先还到期的短期贷款，才能再贷新的短期贷款。

(3) 贷款期限满 1 年，系统自动扣除本息，请财务总监务必记清，以便更好地做好现金储备和融资计划。

(4) 贷款利息的小数是四舍五入。

二、长期贷款实操

(一)确定长期贷款数量

确定长期贷款数量的思路如短期贷款一样，根据业务事项及支出现金额，来倒推贷款的数额。

我们先来看表 2-33 所示，第四季度末的现金余额为 10 万元，这 10 万元的现金需要用来支付哪些业务呢？

(1) 年末的业务事项。根据规划流程表我们知道，年末的业务事项包括违约罚款、设备维护费和设备折旧。其中设备折旧只形成费用却不是一项支出项目，不需要支付现金。那么需要支付的业务项目是违约罚款、设备维护费，而这两项我们第一年都不需要支付。

(2) 年初的业务事项。年初是指下一年的年初，在这里是指第二年的年初。年初的业务事项包括新年度规划会议、投放广告、支付上年税金、支付长期贷款利息、偿还长期贷款本金、更新长期贷款。其中需要支付现金的业务是投放广告、支付上年税金、支付长期贷款利息、偿还长期贷款本金，而第一年我们的利润是负的，不需要缴纳税金；第一年没有申请长期贷款，也不需要支付利息和偿还长期贷款本金。

通过分析在第二年的年初就只有投放广告一项业务的支出了，换句话说，第四季度末的 10 万元现金就是用来投放广告的。虽然只是用来投放广告的，但是根据规划已经开发了本地、区域两个市场，生产 P1、P2 两种产品，需要在四个产品市场投放广告，10 万元资金够用。

即使 10 万元资金够投放广告，广告之后参加订货会，进入第二年的经营，也已经没有多余的现金了，所以就需要申请长期贷款。

那么应该申请多少长期贷款呢？

表 2-38 是我们根据第一年的规划作出的第二年的业务事项及现金支出的预算金额。

表 2-38　年度现金预算表

用户　U01　组　第　2　年

操作顺序	请按顺序执行下列各项操作。入库数量为"+"，出库数量为"-"。												
年初	新年度规划会议												
	投放广告	-8											
	参加订货会/登记销售订单												
	制订新年度计划												
	支付应交税费	系统自动扣除											
	支付长期贷款利息	系统自动扣除											
	更新长期贷款/长期贷款还款	系统自动扣除											
	申请长期贷款	120											
	原材料/在制品/产品库存台账	一季度			二季度			三季度			四季度		
1	季初盘点(请填数量)	1	2	2	1	1	0		7	7		4	5
2	更新短期贷款/短期贷款还本付息				-21			-21			-21		
3	申请短期贷款												
4	原材料入库/更新原材料订单	-6			-6			-6			-6		
5	下原材料订单	2R1	2R2	2R3	2R1	2R2	2R3	2R1	2R2	2R3	2R1	2R2	2R3
6	购买/租用——厂房												
7	更新生产/完工入库												
8	新建/在建/转产/变卖——生产线												
9	紧急采购原材料(随时进行)												
10	开始下一批生产	-4			-4			-4			-4		
11	更新应收款/应收款收现												
12	按订单交货												
13	产品研发投资	研发 P3 -1			-1								
14	厂房——出售(买转租)/退租/租转买												
15	新市场开拓/ISO 资格投资											市场与认证-3-1	
16	支付管理费/更新厂房租金	费用固定-1			-1			-1			-1		
17	出售库存(随时进行)												
18	厂房贴现(随时进行)												
19	应收款贴现(随时进行)												
20	季末出库合计	-12			-33			-32			-36		
21	季末入库合计	0			0			0			0		
22	季末数额对账[1项+20项+21项]	1	1	0		7	7		4	5			9
年末	缴纳违约订单罚款										当年结束系统自动扣除		
	支付设备维护费										-4		
	计提折旧										报表环节系统自动扣除		
	新市场/ISO 资格换证										当年结束系统自动		
	结账												

(1) 四个季度的现金支出额=12+33+32+36=113(万元)
(2) 年末现金支出额是维护费 4 万元
(3) 下年初需要支出的现金额=预计广告费 10+长期贷款利息 12=22(万元)
总支出=113+4+22=139(万元)
第二年能够贷款的总额度为=(80-20)×3-60=120(万元)

由于贷款利息小数取整规则是四舍五入，决定长期贷款 120 万元，加上年初的 2 万元，缺口的 17 万元如何解决？有以下三个途径。

一是上年的短期借款在今年还了之后可能可以再短期贷款。

二是当年交的订单可能会有货款回笼。

三是贴现应收账款。

(二)申请长期贷款实操

单击"申请长期贷款"按钮，进入如图 2-39 所示的"申请长期贷款"界面，选择贷款年限、输入贷款数额，单击"确认"按钮贷款任务完成。

图 2-39　"申请长期贷款"界面

(三)解读长期贷款规则

长期贷款的相关规则信息如表 2-39 所示。

表 2-39　长期贷款与还款方式

贷款类型	贷款时间	贷款额度	年息	还款方式	最大贷款期限
长期贷款	每年度初	长、短期贷款总额为上年所有者权益的三倍	10%	每年支付一次利息、到期一次性还本	5 年

(1) 长期贷款每年的年初必须支付利息，到期还本。

(2) 如果有贷款需要归还，同时还拥有贷款额度时，必须先归还到期的贷款，才能申请新贷款。

(3) 长期贷款最长可贷 5 年。
(4) 所有的贷款都不允许提前还款。
(5) 企业间不允许私自融资，只允许企业向银行贷款，银行不提供高利贷。
(6) 长期贷款每年只有一次，即在每年的年初。
(7) 贷款利息小数部分四舍五入。

三、应收账款贴现实操

当不想通过银行贷款取得资金或者无法通过银行取得贷款时，可以贴现应收账款获取经营所需要的资金。应收账款贴现的相关规则信息如表 2-40 所示。

表 2-40 应收账款贴现

贷款类型	贷款时间	贷款额度	年 息	还款方式
应收账款贴现	任何时间	根据应收款额确定	1/10(1、2 季的账款) 1/8(3、4 季的账款)	变现时贴息

单击"贴现"按钮，进入"贴现"界面，如图 2-40 所示。输入要贴现的应收账款额，单击"确认"按钮，现金到账，系统自动扣除贴现利息。

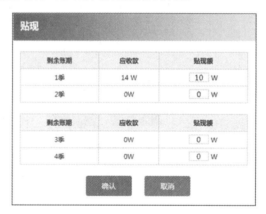

图 2-40 "贴现"界面

【任务思考】

1. 谈谈现金对企业经营的影响。
2. 债务融资对企业的影响是什么？
3. 现金预算与经营规划之间的关系是什么？
4. 贷款融资中控制财务风险是企业践行诚信、责任理念的核心举措吗？

【任务评价】

本学习任务的评价清单如表 2-41 所示。

表 2-41 融资与编制年度预算学习任务评价

学习任务	融资与编制年度预算		
学习目标	能够依据年度规划，根据相关规则完成融资的实操操作，并能够制定有利于企业的融资策略，编制年度现金预算表		
学习结果描述	1.请描述融资的方式。 2.请描述长期贷款、短期贷款和应收账款的融资规则。 3.能够确定合理的融资策略吗？还存在哪些疑问？ 4.思政元素：在债务融资过程中，如何践行诚信、责任的理念？		
学习反思			
学习评价	自评：	互评：	教师评价：

学习任务 2-5　编制年度报表

【接任务单】

本学习任务的任务清单如表 2-42 所示。

表 2-42　编制年度报表任务单

学习任务	编制年度报表
职业能力	能够全盘掌握经营的流程、业务的发生以及业务的现金支出，准确无误地把报表编制出来
学习目标	能够编制综合费用表、利润表、资产负债表
资讯方式	1.教师提供；2.互联网查询；3.学生交流
学习内容	1.编制综合费用表； 2.编制利润表； 3.编制资产负债表
思政元素	第一，ERP 沙盘模拟经营中的报表编制是依据业务的发生，目的在于培养业财融合的理念；第二，按照《会计法》的规定，企业报表编制需要及时、真实、完整地计算企业利润，依法纳税，维护企业和国家的利益。所以报表编制的核心理念是依法合规和社会责任感
学习方式	教师引导，学生相互讨论，以交流的形式完成学习

【任务实操】

单击"填写报表"按钮，进入"填写报表(综合费用表)"界面，如图 2-41 所示。

图 2-41　"填写报表(综合费用表)"界面

界面显示"综合费用表""利润表""资产负债表"。按照顺序分别填写,先单击"综合费用表",就会显示该表中的所有项目,并进行填写,填写完成后单击"保存"按钮;再依次单击"利润表""资产负债表"予以填写并保存。

在"报表编制"界面,分别编制综合费用表、利润表和资产负债表,每编制完一个报表,单击"保存"按钮,当三个报表全部填写完成并确认无误后,再单击"提交"按钮,如图 2-42 所示,提交之后则无法更改。

图 2-42 "提交"对话框

一、编制综合费用表

综合费用表用于记录企业在一个会计年度中发生的各项费用。除折旧及财务费用外,行政管理费、市场开拓费、广告费、生产线转产费、设备维护费、厂房租金、ISO 认证费、产品研发等全部计入综合费用,如表 2-43 所示。其中行政管理费每季度支付 1 万元。

表 2-43 第一年综合费用表

项 目	金额/万元	说 明
管理费	4	每年固定 4 万元,每个季度为 1 万元
广告费	0	
设备维护费	0	
转产费	0	
厂房租金	0	
新市场开拓	5	
ISO 资格认证	1	
产品研发	10	

续表

项 目	金额/万元	说 明
信息费	0	
其他或损失	0	违约罚金、紧急采购、原料折扣、出售资产损失
合 计	20	

二、编制利润表

利润表是企业在一定期间的经营成果，表现为企业在该期间所取得的利润。它是企业经济效益的综合体现，如表 2-44 所示。

表 2-44　第一年利润表

编号	项 目	数据来源	钩稽关系	金额/万元
1	销售收入	产品核算统计表	—	0
2	直接成本	产品核算统计表	—	0
3	毛利		=1-2	0
4	综合费用	综合费用表	—	20
5	折旧前利润		=3-4	-20
6	折旧	需要计算	—	0
7	支付利息前利润		=5-6	-20
8	财务费用	需要计算	—	0
9	税前利润		=7-8	-20
10	所得税	25%税率	—	0
11	年度净利润		=9-10	-20

(1) 销售收入：不论该销售有无收现，均记入当年销售收入。可以查看"订单信息"，当年提交的订单的价款总额，即为销售收入。

(2) 直接成本：必须是已经实现销售的成品直接成本，利润表里的信息必须是与销售有关的，这一点必须清楚。可以查看"订单信息"，当年提交订单的产品直接成本的合计数，就是本表的直接成本数。直接成本的构成包括加工费和材料费。

(3) 财务费用：含长期贷款利息、短期贷款利息及贴现利息，只包括已经付现的部分。需要财务总监记录贷款与贴现情况并计算利息。

(4) 折旧费用：当年建成的生产线不计折旧，下一年才计提折旧。需要财务总监和生产总监记录并计算。

(5) 应缴所得税。所得税每年年末按当年利润的 25%计算，并计入应付税金，应缴税金小数部分四舍五入，下年初交付。出现盈利时，按弥补以前年度的亏损后的余额计提所得税。

如第一年、第二年、第三年税前利润分别为-5 万元、-6 万元、20 万元，则第一年、第二年不计税，第三年计税为(-5-6+20)×25%=2.25 万元，则实际支付 2 万元(四舍五入)，并在第四年的年初付现缴纳。

三、编制资产负债表

资产负债表是企业对外提供的主要财务报表，如表 2-45 所示。它根据"资产=负债+所有者权益"的恒等关系，按照一定的分类标准和一定的次序，把企业特定日期的资产、负债和所有者权益三项会计要素所属项目予以适当排列，并对日常会计工作中形成的数据进行加工、整理后编制而成。它反映了企业在特定时点的财务状况，是企业经营管理活动结果的集中体现。

表 2-45 第一年资产负债表

项 目	来源说明	金额/万元	项 目	来源说明	金额/万元
现金	系统信息栏	10	长期负债	系统信息栏	0
应收款	系统信息栏	0	短期负债	系统信息栏	60
在制品	生产线上的制品成本	0	应交所得税	本年利润表	0
产成品	库存产品直接成本	0	—	—	
原材料	库存	0	—	—	
流动资产合计	以上五项之和	10	负债合计	以上三项之和	60
厂房	系统界面	40	股东资本	初始设定	80
生产线	系统界面		利润留存	上年利润留存+上年年度净利润	0
在建工程	系统界面	70	年度净利润	本年利润表	−20
固定资产合计	以上三项之和	110	所有者权益合计	以上三项之和	60
资产总计	流动资产合计+固定资产合计	120	负债和所有者权益总计	负债合计+所有者权益合计	120

此处需要强调的内容如下。

(1) 在建工程：第一年投资完的生产线，并没有建设完工，其投资额计入"在建工程"。

(2) 利润留存：利润留存是出现问题最多的科目，是以前几年没有分配的利润的合计数。在 ERP 沙盘模拟经营中不涉及利润分配，每年的利润都积累下来，所以利润留存实际上就是以前年度利润的合计数。

【任务思考】

1. 谈谈 ERP 沙盘模拟经营中的利润表和资产负债表与会计准则的报表的出入。
2. 谈谈直接成本与财务会计的不同之处。
3. 依法、及时、真实地提交报表，如何与社会责任相联系？

【任务评价】

本学习任务的评价清单如表 2-46 所示。

表 2-46　编制年度报表学习任务评价

学习任务	编制年度报表		
学习目标	能够正确编制综合费用表、利润表、资产负债表		
学习结果描述	1.综合费用表编制出现的问题。 2.利润表编制出现的问题。 3.资产负债表编制出现的问题。 4.归纳 ERP 沙盘模拟经营报表与会计报表的差别点。 5.思政元素：如何理解及时、完整地提交报表、依法纳税，有利于维护企业与国家的利益？		
学习反思			
学习评价	自评：	互评：	教师评价：

学习任务 2-6　投放广告与参加订货会

【接任务单】

本学习任务的任务清单如表 2-47 所示。

表 2-47　投放广告与参加订货会任务单

学习任务	投放广告与参加订货会
职业能力	能够根据年度规划，选择有利于企业的市场投放广告，并根据现金情况确定投放广告的金额，能够在订货会上选择企业目标中的订单
学习目标	能够投放广告、选择订单
资讯方式	1.教师提供；2.互联网查询；3.学生交流
学习内容	1.实操投放广告； 2.解读投放广告规则； 3.参加订货会选择订单
思政元素	投放广告与抢夺订单都要求具备竞争意识和竞争精神，目的是培养学生的竞争意识和竞争精神，但是一定是正当竞争，以合作为前提、以双赢为结果，才有利于企业发展
学习方式	教师引导，学生相互讨论，以交流的形式完成学习

【任务实操】

一、投放广告

(一)投放广告实操

报表编制完后提交系统，就可以进入投放广告环节。在"经营"界面单击"投放广告"按钮，进入如图 2-43 所示的界面，选择目标市场，输入投放的金额，单击"确认"按钮后，广告投放完毕。

图 2-43　"投放广告"界面

我们规划流程表的第四季度或者第一年年末的现金有 10 万元,因为第二年的年初除了投放广告之外,没有其他业务支出,10 万元就全部用来投放广告了。本地 P1 市场和本地 P2 市场都投了 1 万元广告,区域 P1 市场和区域 P2 市场都投了 3 万元广告。

(二)解读投放广告规则

要取得在已经开发的市场上销售产品的资格,从第二年开始,每年的年初都要投放广告。投入广告费有两个作用,一是获得拿取订单的机会,二是判断选单顺序。

(1) 投入 1 万元的产品广告费,可以获得一次拿取订单的机会(如果不投放产品广告就没有选单机会),一次机会允许取得一张订单。

(2) 如果要获得更多的选择订单机会,每增加一个机会需要多投入 2 万元产品广告,比如,投入 3 万元产品广告表示有两次获得订单的机会,投入 5 万元产品广告则表示有三次获得订单的机会……依次类推。

(3) 各个市场产品需求数量是有限的,并非做广告一定就能得到订单。根据"市场预测"合理地安排广告费投入,才能获得需要的订单。

(4) 如果大量投入广告,能获取大量订单,但产能无法跟上,就是对广告费的浪费;如果广告费投入过低,接单太少,产品积压,就是对产能的浪费;如果广告费投入过多,产品成本上升,就算有足够的订单也无法盈利。所以广告费投入并非越多越好,要根据公司自身财务状况、成本、产能、市场需求综合考虑。

二、订单解读

客户需求用客户订单的形式表示,订单上标注了市场、产品、产品数量、单价、订单总价、账期、交货期等,如图 2-44 所示。有的订单有特殊要求,比如加急、ISO 9000 认证、ISO 14000 认证。

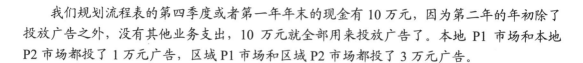

图 2-44 "订单式样"界面

订单类型、交货时间以及取得订单资格要求如表 2-48 所示。

表 2-48 客户订单类型、交货时间及获得订单资格要求

订单类型	交货时间	获得订单资格要求
普通订单	本年度四个季度运营中任一规定的交货时间	任何公司
加急订单	本年度第一个季度交货	任何公司
ISO9000 订单	本年度四个季度运营中任一规定的交货时间	通过 ISO 9000 资格认证的公司
ISO14000 订单	本年度四个季度运营中任一规定的交货时间	通过 ISO 14000 资格认证的公司

(1) 订单的账期越短越好。前期选单一定要充分考虑账期因素，因为公司前期发展阶段现金流十分紧张，如果回款时间太长容易出现现金断流无法还贷、没有资金投放广告等情况，最好能当年收回货款。

(2) 关注订单的交货期。第一季度交货的订单很容易违约，特别是第二年的第一季度，因为没有库存产品，违约的可能性是100%，选择订单时一定要仔细。

(3) 关注订单的资格标记。关注订单的资格标记要与企业认证的ISO资格一致，避免违约。

(4) 选择的订单产品数量不能超过其生产的可卖数量。

三、参加订货会选择订单

(一) 参加订货会

在"经营"界面单击"参加订货会"按钮，进入如图2-45所示的"等待参加订货会"界面。

图2-45 "等待参加订货会"界面

当教师在"教学"界面单击"订单管理"按钮，再单击"开始选单"按钮时，"等待参加订货会"界面会立即进入如图2-46所示的"参加订货会"界面。

在图2-46的界面中，橙黄色的按钮显示"选中"，如果要选择某个订单，就单击"选中"按钮，确认选择订单；单击"选中"之后出现如图2-47所示的界面，单击"确定"按钮，选择订单任务完成，系统会自动记录到"订单信息"按钮下，可随时查看。

如果决定放弃订单，就单击蓝色"放弃选单"按钮。如果还轮不到我方选择订单，界面就不会显示橙色"选中"按钮和蓝色"放弃选单"按钮。

图 2-46 "参加订货会"界面

图 2-47 选择"订单提示"界面

(二)选择订单规则解读

(1) 订货会按照本地、区域、国内、亚洲和国际市场的顺序依次召开,在每个市场中按照 P1,P2,P3 和 P4 的顺序,依次选单,对于已经结束选单的市场或产品,同一年份中,不允许再进行选单。

(2) 排定选单顺序,选单顺序依据以下原则确定。

① 上年本市场销售排名第一的公司,如在该市场没有违约记录,则在本年的该市场投入广告的产品中,优先选单。

② 其余公司按照各公司在本市场某一产品上投放的广告费的多少,排定后续选单顺序。

③ 若在同一市场、同一个产品投入的广告费用相同,则按照投入本市场的广告费总额(包括 ISO 认证的广告),排定选单顺序。

④ 如果该市场广告投入总量也一样,则按照提交广告的时间先后,排定选单顺序。

(3) 按选单顺序进行选单，公司在选单中一次只能选择一张订单。当一轮选单完成后，如果还有剩余的订单，可以按选单顺序进入下一轮选单。

(4) 选择订单时，可以放弃选择订单的权利，当本市场放弃了选单后，视为本市场退出本产品的选单，即在本市场本产品中，不得再次选单。当公司选定了订单之后，不允许更改已做的选择。

【任务思考】

1. 你认为在企业经营中最重要的业务是什么？
2. 你对经营规划的认识是什么？
3. 订单选择结束，企业应该做的第一项工作是什么？
4. 竞争与合作矛盾吗？请谈谈你的看法。

【任务评价】

本学习任务的评价清单如表 2-49 所示。

表 2-49 投放广告与参加订货会学习任务评价

学习任务	投放广告与参加订货会		
学习目标	能够投放广告、选择市场订单		
学习结果描述	1.投放广告出现的问题。 2.选择订单出现的问题。 3.你对市场需求对企业的影响有初步认识吗？ 4.思政元素：如何才是正当的竞争？在现实中应该如何培养自己的竞争意识？		
学习反思			
学习评价	自评：	互评：	教师评价：

【小结】

本模块的学习内容主要是以实操入门为主,涵盖了经营规划、长期投资、日常运营和筹资用资等内容,要求学生能够在熟悉实操流程过程中学习、消化模拟经营规则,积累经营技巧、经营理念;以感性的触角接触企业经营的全过程,在实操中潜移默化地确立经营思想,比如战略思想、预算管理、资金管理等,为后期的实战对抗打下坚实的基础,也为经营管理理论的提升提供实战体验。

【学习随笔】

第_____周　　　　周_____

_____

_____

_____

_____

_____

_____

_____

_____

_____

_____

_____

_____

_____

模块三
ERP 沙盘模拟经营实战对抗

【内容导学】

ERP 沙盘模拟经营实战对抗是由学生自己组建经营团队,独立对抗经营企业六年的时间,每六年为一轮。可以根据实际情况安排学生经营一轮、两轮还是三轮,每一轮实战对抗达成的目标不同。本模块提供了两轮的经营流程与经营总结记录表供选择。要求学生在经营过程中发挥团队的力量,在老师的指导下独立完成每年的规划与经营。在经营过程中不断地熟悉规则,明确经营的本质,体会战略的重要性,理解战略、预算与经营的关系。

【思维导图】

本模块的年度实战思维导图如图 3-1 所示。

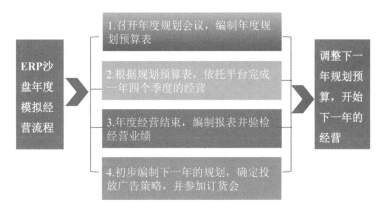

图 3-1 年度实战思维导图

【微课视频】

扫一扫,获取本模块相关微课视频。

3 实战对抗赛前准备

【实战准备】

一、组建沙盘模拟经营团队

(一)组建经营团队与角色分配

经营团队人员组合要求 3~5 人一组，根据经营要求合理搭配团队成员与角色分工，并进一步明确角色的职责。在实战模拟对抗经营中，成员的角色可以轮换，使他们能够更全面地体验沙盘模拟经营。

(1) 总经理 CEO：负责公司的全面事务，包括分析竞争格局、确定经营指标、制定业务策略、管理全面预算、管理团队协同等。特别是如果所带领的团队在模拟对抗中意见不一致，应该由 CEO 作出决定。

(2) 财务总监 CFO：负责企业运营过程中的财务收支记录，进行资金融通，做好企业的会计报表和现金预算。

(3) 生产总监 COO：负责公司的生产安排，包括落实生产所需要的原材料，负责包括新产品的开发、产品的生产、支付设备维护费以及购买、租赁、更新、转产生产线等生产运作。

(4) 营销总监 CMO：负责公司市场方面的事务，如广告费安排、争取订单、企业形象等。具体包括对市场信息的收集、整理、分析，制定广告方案，参加选单；检查成品库中货物是否符合客户要求，按订单如约交货；制定市场开拓策略，并向财务部门申请开拓市场、ISO 资格认证的资金。

(5) 采购总监：负责采购物资、支付货款；根据生产的需要，合理地安排采购计划，下原料订单计划，与生产、财务负责人协调。

(二)确定公司的名称与团队亮相

团队成立后，给公司确定一个体现经营理念的名称，并选定一首能鼓舞士气并能代表自己团队个性的歌曲作为队歌；团队组建完毕，在总经理的带领下集体亮相展示自己的团队和队歌。

二、ERP 沙盘模拟经营对抗前的思想准备

(一)树立团队意识

ERP 沙盘模拟经营对抗实战中，每个企业的成员各司其职，分别担任总经理、财务总监、营销总监、生产总监和采购总监等。每一个成员在完成自身本职工作的同时，都要积极配合其他成员完成整个企业经营。其中需要大量的交流和协作，需要成员具备强烈的团队合作意识。在巨大的竞争压力和时间压力下，要想取胜就必须快速地建设能力超群的高

效团队，形成团队个体之间的优势互补，运用团队智慧，对环境变化作出准确的判断和正确的决策。如果成员只按照自己分内的职责做事，无疑是很狭隘且没有发展前景的。

(二)在犯错中学习

在 ERP 沙盘模拟对抗经营中，敢于多犯错误，在犯错中学习。模拟经营过程一环扣一环，有时一个小错误就可能导致企业经营失败。模拟经营中的失败经历和痛苦教训，能使我们在竞争环境下感受与实战一样深切。请不要气馁，勇于提出自己的想法，去实践它，找出不足，寻求突破，提升自我。不怕失败，在失败中前进，才能取得成功；勇于承担失误与挫折，在挫折中前进。

(三)要具备恒心、耐心

ERP 沙盘模拟经营是一项复杂的、持续性的工作，每一轮需要六年的经营时间，而且经营复杂，需要考虑和解决的问题较多，对于经营过程的预算和规划需要反复推敲、琢磨和大量的计算工作，如果没有足够的耐心和恒心，很难做好。有时可能犯错、失误，最终导致企业经营不好或破产，需要坚持！沙盘模拟经营就是需要不断地失败、破产，最终才能得到提升。

三、实战对抗经营业绩考核

(一)实训成果

模拟经营企业之间是竞争关系，每个模拟企业必须在客户、市场、资源、利润等方面竞争。最后，按各企业所有者权益、业绩指标进行综合排名，这就是实训成果。

$$实训成果=所有者权益\times(1+A\div100)-罚分$$

其中，A 为各模拟企业业绩指标的分数和。各企业业绩指标加减分明细如表 3-1 所示。罚分在正式比赛中有具体的规定，包括报表提交延迟、广告投放延迟、订单违约以及报表编制错误等，在 ERP 沙盘模拟经营电子系统中没有设置，具体如何罚分由授课教师确定。

经营业绩指标加分明细如表 3-1 所示。

表 3-1 各公司业绩指标加分明细表

项 目	计分标准	最终得分
手工生产线	+5 分/条	
半自动生产线	+10 分/条	
全自动/柔性线	+10 分/条	
区域市场开拓	+10 分	
国内市场开拓	+10 分	

续表

项　目	计分标准	最终得分
亚洲市场开拓	+10 分	
国际市场开拓	+10 分	
ISO 9000	+10 分	
ISO 14000	+10 分	
P1 产品研发	+10 分	
P2 产品研发	+10 分	
P3 产品研发	+10 分	
P4 产品研发	+10 分	
合　计		

备注：公司购建的生产线，必须建设完工才能加分，否则不能获得加分。

(二)模拟对抗经营过程中的表现

学生在模拟经营对抗过程中的表现分日常经营表现、日常经营总结、经营分享表现三部分。

日常经营表现包括模拟企业岗位分工是否明确、各司其职并团结协作，是否按照规则参与竞争，并能够顺利地完成六年的经营，团队的每个成员是否都积极地参与经营过程以及各种表格的填写等都列为企业成员的综合表现评价标准。

日常经营总结是每年经营结束对这一年经营中的获得、困难和不足以及需要改进的方面等做的记录，主要是通过填写年度总结表来体现。

经营分享表现则是六年经营完毕或者几轮经营完毕，对本模拟经营企业的整体规划与经营的综合总结分享，包括学习和经营的体会、经验以及存在的问题与反思。

(三)成绩构成

评比成绩=实训成果(50%)+经营表现(40%)+经营分享(10%)

(四)破产规则

评判公司破产有两个标准：一是所有者权益为负数；二是公司的现金断流无法周转。公司破产即退出市场。

学习任务 3-1　模拟经营第一轮实战对抗

【接任务单】

本轮实战对抗经营的任务清单如表 3-2 所示。

表 3-2　第一轮对抗经营任务单

学习任务	模拟经营第一轮实战对抗
职业能力	能够运用 ERP 模拟经营规则完成六年的模拟经营，并获取获得利润与所有者权益
学习目标	熟知经营规则和经营流程，合理规划企业经营计划并编制规划预算表
资讯方式	1.教师提供；2.互联网查询；3.学生交流
学习内容	1.规划与编制经营预算； 2.完成投资与日常经营； 3.编制综合费用、利润和资产负债表； 4.投放广告、参加订货会
思政元素	经过模拟经营实战对抗，深刻领会模拟经营过程中的团队精神、竞争精神和拼搏精神，确立创新创业的欲望与思想
学习方式	教师指导，经营团队精诚合作，以交流的形式完成学习

【实战对抗】

一、完成第一年的模拟对抗经营

(一)召开新年度规划会议，编制年度规划预算表并完成年度经营

召开年度规划会议商讨经营计划后，编制年度规划预算，然后根据规划预算表的经营流程，依托用友新道 ERP 商战平台，完成第一年的经营，如表 3-3 所示。

(二)编制第一年的报表

完成表 3-4 综合费用表、表 3-5 利润表、表 3-6 资产负债表数据的填写。

表 3-3　模拟经营规划预算与经营流程表

用户_____组　第___1___年

操作顺序									
年初	请按顺序执行下列各项操作。入库数量为"+"，出库数量为"−"。								
	新年度规划会议								
	投放广告								
	参加订货会/登记销售订单								
	制订新年度计划								
	支付应缴税费								
	支付长期贷款利息								
	更新长期贷款/长期贷款还款								
	申请长期贷款								
	原材料/在制品/产品库存台账	一季度			二季度			三季度	四季度
1	季初盘点(请填数量)								
2	更新短期贷款/短期贷款还本付息								
3	申请短期贷款								
4	原材料入库/更新原材料订单								
5	下原材料订单								
6	购买/租用厂房								
7	更新生产/完工入库								
8	新建/在建/转产/变卖生产线								
9	紧急采购原材料(随时进行)								
10	开始下一批生产								
11	更新应收款/应收款收现								
12	按订单交货								
13	产品研发投资								
14	厂房出售(买转租)/退租/租转买								
15	新市场开拓/ISO 资格投资								
16	支付管理费/更新厂房租金								
17	出售库存								
18	厂房贴现								
19	应收款贴现								
20	季末入库合计								
21	季末出库合计								
22	季末数额对账[1 项+20 项+21 项]								
年末	缴纳违约订单罚款								
	支付设备维护费								
	计提折旧								
	新市场/ISO 资格换证								
	结账								

表 3-4 综合费用表

单位：万元

项　　目	金　　额
管理费	
广告费	
设备维护费	
转产费	
厂房租金	
新市场开拓	
ISO 资格认证	
产品研发	
信息费	
其他	
合　计	

表 3-5 利润表

单位：万元

项　　目	金　　额
销售收入	
直接成本	
毛利	
综合费用	
折旧前利润	
折旧	
支付利息前利润	
财务费用	
税前利润	
所得税	
年度净利润	

表 3-6 资产负债表

单位：万元

项　　目	金　　额	项　　目	金　　额
现金		长期负债	
应收款		短期负债	
在制品		应缴所得税	
产成品		—	
原材料		—	
流动资产合计		**负债合计**	
厂房建筑物		股东资本	
机器设备		利润留存	
在建工程		年度净利	
固定资产合计		**所有者权益合计**	
资产总计		**负债和所有者权益总计**	

注：库存折价拍价、生产线变卖、紧急采购、订单违约的损失计入综合费用的其他栏；每年经营结束请将此表交到裁判处核对。

(三)记录第一年的经营得失

这是你们自主当家的第一年，是不是一个有收益的年度？你们的战略执行得如何？将把你的感想记录下来并和你的团队一起分享，如表 3-7 所示。

表 3-7　第一年经营得失记录单

学会什么，记录知识点：
企业经营遇到哪些问题？
下一年准备如何改进？

二、完成第二年的模拟对抗经营

(一)投放广告、参加订货会

第一年经营结束,提交报表后,投放广告并参加订货会,会后整理订单信息,填写订单登记表,如表 3-8 所示。

表 3-8 订单登记表

订单号								合计
市场								
产品								
数量/个								
账期								
销售额/元								
成本/元								
毛利/元								

(二)召开新年度规划会议,编制年度规划预算表并完成年度经营

订货会后,整理订单信息,根据订单情况,调整与编制新年度经营计划后,编制年度规划预算,然后根据规划预算表的经营流程,依托用友新道 ERP 商战平台,完成第二年的模拟经营,如表 3-9 所示

表 3-9 模拟经营规划预算与经营流程表

用户_____ 组 第__2__年

操作顺序	请按顺序执行下列各项操作。入库数量为"+",出库数量为"-"。		
年初	新年度规划会议		
	投放广告		
	参加订货会/登记销售订单		
	制订新年度计划		
	支付应缴税费		
	支付长期贷款利息		
	更新长期贷款/长期贷款还款		
	申请长期贷款		

续表

	原材料/在制品/产品库存台账	一季度	二季度	三季度	四季度
1	季初盘点(请填数量)				
2	更新短期贷款/短期贷款还本付息				
3	申请短期贷款				
4	原材料入库/更新原材料订单				
5	下原材料订单				
6	购买/租用厂房				
7	更新生产/完工入库				
8	新建/在建/转产/变卖生产线				
9	紧急采购原材料(随时进行)				
10	开始下一批生产				
11	更新应收款/应收款收现				
12	按订单交货				
13	产品研发投资				
14	厂房出售(买转租)/退租/租转买				
15	新市场开拓/ISO 资格投资				
16	支付管理费/更新厂房租金				
17	出售库存				
18	厂房贴现				
19	应收款贴现				
20	季末入库合计				
21	季末出库合计				
22	季末数额对账[1 项+20 项+21 项]				
年末	缴纳违约订单罚款				
	支付设备维护费				
	计提折旧				
	新市场/ISO 资格换证				
	结账				

(三)编制第二年的报表

完成表 3-10 综合费用表、表 3-11 利润表、表 3-12 资产负债表数据的填写。

表 3-10 综合费用表

单位：万元

项 目	金 额
管理费	
广告费	
设备维护费	
转产费	
厂房租金	
新市场开拓	
ISO 资格认证	
产品研发	
信息费	
其他	
合 计	

表 3-11 利润表

单位：万元

项 目	金 额
销售收入	
直接成本	
毛利	
综合费用	
折旧前利润	
折旧	
支付利息前利润	
财务费用	
税前利润	
所得税	
年度净利润	

表 3-12 资产负债表

单位：万元

项 目	金 额	项 目	金 额
现金		长期负债	
应收款		短期负债	
在制品		应缴所得税	
产成品		—	
原材料		—	
流动资产合计		**负债合计**	
厂房建筑物		股东资本	
机器设备		利润留存	
在建工程		年度净利	
固定资产合计		**所有者权益合计**	
资产总计		**负债和所有者权益总计**	

(四)记录第二年的经营得失

现在已经是第二年了，你肯定获得了很多不同于第一年的感受，渐渐地从感性走向理性。将你的感想记录下来和你的团队分享，如表 3-13 所示。

表 3-13　第二年经营得失记录单

学会了什么，记录知识点：

企业经营遇到哪些问题？

这一年的经营实现预计目标了吗？所有者权益又是多少？

下一年准备如何改进经营策略？

三、完成第三年的模拟对抗经营

(一)投放广告、参加订货会

第二年经营结束，提交报表后，投放广告并参加订货会，会后整理订单信息，填写订单登记表，如表 3-14 所示。

表 3-14 订单登记表

订单号							合计
市场							
产品							
数量/个							
账期							
销售额/元							
成本/元							
毛利/元							

(二)召开新年度规划会议，编制年度规划预算表并完成年度经营

订货会后，整理订单信息，根据订单情况，调整与编制新年度经营计划后，编制年度规划预算，然后根据规划预算表的经营流程，依托用友新道 ERP 商战平台，完成第三年的模拟经营，如表 3-15 所示。

表 3-15 模拟经营规划预算与经营流程表

用户_____ 组 第__3__年

操作顺序		请按顺序执行下列各项操作。入库数量为"+"，出库数量为"–"。				
年初		新年度规划会议				
		投放广告				
		参加订货会/登记销售订单				
		制订新年度计划				
		支付应缴税费				
		支付长期贷款利息				
		更新长期贷款/长期贷款还款				
		申请长期贷款				
	原材料/在制品/产品库存台账		一季度	二季度	三季度	四季度
1	季初盘点(请填数量)					
2	更新短期贷款/短期贷款还本付息					
3	申请短期贷款					
4	原材料入库/更新原材料订单					
5	下原材料订单					
6	购买/租用厂房					
7	更新生产/完工入库					
8	新建/在建/转产/变卖生产线					
9	紧急采购原材料(随时进行)					

续表

原材料/在制品/产品库存台账		一季度	二季度	三季度	四季度
10	开始下一批生产				
11	更新应收款/应收款收现				
12	按订单交货				
13	产品研发投资				
14	厂房出售(买转租)/退租/租转买				
15	新市场开拓/ISO资格投资				
16	支付管理费/更新厂房租金				
17	出售库存				
18	厂房贴现				
19	应收款贴现				
20	季末入库合计				
21	季末出库合计				
22	季末数额对账[1项+20项+21项]				
年末	缴纳违约订单罚款				
	支付设备维护费				
	计提折旧				
	新市场/ISO资格换证				
	结账				

(三)编制第三年的报表

完成表3-16综合费用表、表3-17利润表、表3-18资产负债表数据的填写。

表3-16 综合费用表

单位：万元

项 目	金 额
管理费	
广告费	
设备维护费	
转产费	
厂房租金	
新市场开拓	
ISO资格认证	
产品研发	
信息费	
其他	
合 计	

表3-17 利润表

单位：万元

项 目	金 额
销售收入	
直接成本	
毛利	
综合费用	
折旧前利润	
折旧	
支付利息前利润	
财务费用	
税前利润	
所得税	
年度净利润	

表 3-18 资产负债表

单位：万元

项　目	金　额	项　目	金　额
现金		长期负债	
应收款		短期负债	
在制品		应缴所得税	
产成品		—	
原材料		—	
流动资产合计		**负债合计**	
厂房建筑物		股东资本	
机器设备		利润留存	
在建工程		年度净利	
固定资产合计		**所有者权益合计**	
资产总计		**负债和所有者权益总计**	

(四)记录第三年的经营得失

三年是一个很长的时间跨度，回过头来审视你们的战略是否成功？对产品和市场做一次精确的分析，有助于发现你们的利润在哪里，如表 3-19 所示。

表 3-19 第三年经营得失记录单

学会了什么，记录知识点：
企业经营遇到哪些问题？

续表

这一年是否增加了生产线投资？是否增加了产品研发和市场开拓的投资？
面向未来三年，你准备如何扬长避短、超越竞争对手？

四、完成第四年的模拟对抗经营

(一)投放广告、参加订货会

第三年经营结束，提交报表后，投放广告并参加订货会，会后整理订单信息，填写订单登记表，如表 3-20 所示。

表 3-20　订单登记表

订单号											合计
市场											
产品											
数量/个											
账期											
销售额/元											
成本/元											
毛利/元											

(二)召开新年度规划会议，编制年度规划预算表并完成年度经营

订货会后，整理订单信息，根据订单情况，调整与编制新年度经营计划后，编制年度

规划预算，然后根据规划预算表的经营流程，依托用友新道 ERP 商战平台，完成第四年的模拟经营，如表 3-21 所示。

表 3-21 模拟经营规划预算与经营流程表

用户_____组　第___4___年

操作顺序		请按顺序执行下列各项操作。入库数量为"+"，出库数量为"-"。				
年初		新年度规划会议				
		投放广告				
		参加订货会/登记销售订单				
		制订新年度计划				
		支付应缴税费				
		支付长期贷款利息				
		更新长期贷款/长期贷款还款				
		申请长期贷款				
	原材料/在制品/产品库存台账		一季度	二季度	三季度	四季度
1	季初盘点(请填数量)					
2	更新短期贷款/短期贷款还本付息					
3	申请短期贷款					
4	原材料入库/更新原材料订单					
5	下原材料订单					
6	购买/租用厂房					
7	更新生产/完工入库					
8	新建/在建/转产/变卖生产线					
9	紧急采购原材料(随时进行)					
10	开始下一批生产					
11	更新应收款/应收款收现					
12	按订单交货					
13	产品研发投资					
14	厂房出售(买转租)/退租/租转买					
15	新市场开拓/ISO 资格投资					
16	支付管理费/更新厂房租金					
17	出售库存					
18	厂房贴现					
19	应收款贴现					
20	季末入库合计					
21	季末出库合计					
22	季末数额对账[1 项+20 项+21 项]					

续表

原材料/在制品/产品库存台账		一季度	二季度	三季度	四季度
年末	缴纳违约订单罚款				
	支付设备维护费				
	计提折旧				
	新市场/ISO 资格换证				
	结账				

(三)编制第四年的服表

完成表 3-22 综合费用表、表 3-23 利治理整顿有和表 3-24 资产负债表数据的填写。

表 3-22 综合费用表

单位：万元

项　目	金　额
管理费	
广告费	
设备维护费	
转产费	
厂房租金	
新市场开拓	
ISO 资格认证	
产品研发	
信息费	
其他	
合　计	

表 3-23 利润表

单位：万元

项　目	金　额
销售收入	
直接成本	
毛利	
综合费用	
折旧前利润	
折旧	
支付利息前利润	
财务费用	
税前利润	
所得税	
年度净利润	

表 3-24 资产负债表

单位：万元

项　目	金　额	项　目	金　额
现金		长期负债	
应收款		短期负债	
在制品		应缴所得税	
产成品		—	
原材料		—	
流动资产合计		**负债合计**	
厂房建筑物		股东资本	
机器设备		利润留存	
在建工程		年度净利	
固定资产合计		**所有者权益合计**	
资产总计		**负债和所有者权益总计**	

(四)记录第四年的经营得失

四年的管理经验已使你今非昔比。如何有效地利用资源、扩大市场份额、提升利润是管理者必须关注的。如表 3-25 所示。

表 3-25　第四年经营得失记录单

学会了什么，记录知识点：
这一年经营存在的问题是什么？是否增加了投资？
下一年准备如何改进？
年初的经营战略执行得如何？做了哪些调整？

五、完成第五年的模拟对抗经营

(一)投放广告、参加订货会

第四年经营结束,提交报表后,投放广告并参加订货会,会后整理订单信息,填写订单登记表,如表3-26所示。

表3-26 订单登记表

订单号								合计
市场								
产品								
数量/个								
账期								
销售额/元								
成本/元								
毛利/元								

(二)召开新年度规划会议,编制年度规划预算表并完成年度经营

订货会后,整理订单信息,根据订单情况,调整与编制新年度经营计划后,编制年度规划预算,然后根据规划预算表的经营流程,依托用友新道ERP商战平台,完成第五年的模拟经营,如表3-27所示。

表3-27 模拟经营规划预算与经营流程表

用户_____组 第___5___年

操作顺序	请按顺序执行下列各项操作。入库数量为"+",出库数量为"−"。	
年初	新年度规划会议	
	投放广告	
	参加订货会/登记销售订单	
	制订新年度计划	
	支付应缴税费	
	支付长期贷款利息	
	更新长期贷款/长期贷款还款	
	申请长期贷款	

续表

	原材料/在制品/产品库存台账	一季度	二季度	三季度	四季度
1	季初盘点(请填数量)				
2	更新短期贷款/短期贷款还本付息				
3	申请短期贷款				
4	原材料入库/更新原材料订单				
5	下原材料订单				
6	购买/租用厂房				
7	更新生产/完工入库				
8	新建/在建/转产/变卖生产线				
9	紧急采购原材料(随时进行)				
10	开始下一批生产				
11	更新应收款/应收款收现				
12	按订单交货				
13	产品研发投资				
14	厂房出售(买转租)/退租/租转买				
15	新市场开拓/ISO 资格投资				
16	支付管理费/更新厂房租金				
17	出售库存				
18	厂房贴现				
19	应收款贴现				
20	季末入库合计				
21	季末出库合计				
22	季末数额对账[1 项+20 项+21 项]				
年末	缴纳违约订单罚款				
	支付设备维护费				
	计提折旧				
	新市场/ISO 资格换证				
	结账				

(三)编制第五年的报表

完成表 3-28 综合费用表、表 3-29 利润表、表 3-30 资产负债表数据的填写。

表 3-28 综合费用表

单位：万元

项 目	金 额
管理费	
广告费	
设备维护费	
转产费	
厂房租金	
新市场开拓	
ISO 资格认证	
产品研发	
信息费	
其他	
合 计	

表 3-29 利润表

单位：万元

项 目	金 额
销售收入	
直接成本	
毛利	
综合费用	
折旧前利润	
折旧	
支付利息前利润	
财务费用	
税前利润	
所得税	
年度净利润	

表 3-30 资产负债表

单位：万元

项 目	金 额	项 目	金 额
现金		长期负债	
应收款		短期负债	
在制品		应缴所得税	
产成品		—	
原材料		—	
流动资产合计		负债合计	
厂房建筑物		股东资本	
机器设备		利润留存	
在建工程		年度净利	
固定资产合计		所有者权益合计	
资产总计		负债和所有者权益总计	

(四)记录第五年的经营得失

已经走过了五年，你一定有很深刻的体会，那就一吐为快吧，如表 3-31 所示。

表 3-31　第五年经营得失记录单

学会了什么，记录知识点：

企业经营遇到了哪些问题？

投资规模达到了什么程度？是否还有没投资的项目？

企业的所有者权益是多少？你认为经营成果理想吗？最后一年策略计划有什么调整？

六、完成第六年的模拟对抗经营

(一)投放广告、参加订货会

第五年经营结束,提交报表后,投放广告并参加订货会,会后整理订单信息,填写订单登记表,如表 3-32 所示。

表 3-32　订单登记表

订单号									合计
市场									
产品									
数量/个									
账期									
销售额/元									
成本/元									
毛利/元									

(二)召开新年度规划会议,编制年度规划预算表并完成年度经营

订货会后,整理订单信息,根据订单情况,调整与编制新年度经营计划后,编制年度规划预算,然后根据规划预算表的经营流程,依托用友新道 ERP 商战平台,完成第六年的模拟经营,如表 3-33 所示。

表 3-33　模拟经营规划预算与经营流程表

用户_____组　第__6__年

操作顺序	请按顺序执行下列各项操作。入库数量为"+",出库数量为"-"。		
年初	新年度规划会议		
	投放广告		
	参加订货会/登记销售订单		
	制订新年度计划		
	支付应缴税费		
	支付长期贷款利息		
	更新长期贷款/长期贷款还款		
	申请长期贷款		

续表

	原材料/在制品/产品库存台账	一季度			二季度			三季度			四季度		
1	季初盘点(请填数量)												
2	更新短期贷款/短期贷款还本付息												
3	申请短期贷款												
4	原材料入库/更新原材料订单												
5	下原材料订单												
6	购买/租用厂房												
7	更新生产/完工入库												
8	新建/在建/转产/变卖生产线												
9	紧急采购原材料(随时进行)												
10	开始下一批生产												
11	更新应收款/应收款收现												
12	按订单交货												
13	产品研发投资												
14	厂房出售(买转租)/退租/租转买												
15	新市场开拓/ISO 资格投资												
16	支付管理费/更新厂房租金												
17	出售库存												
18	厂房贴现												
19	应收款贴现												
20	季末入库合计												
21	季末出库合计												
22	季末数额对账[1项+20项+21项]												
年末	缴纳违约订单罚款												
	支付设备维护费												
	计提折旧												
	新市场/ISO 资格换证												
	结账												

(三)编制第六年的报表

完成表 3-34 综合费用表、表 3-35 利润表、表 3-36 资产负债表数据的填写。

表 3-34 综合费用表

单位：万元

项　　目	金　　额
管理费	
广告费	
设备维护费	
转产费	
厂房租金	
新市场开拓	
ISO 资格认证	
产品研发	
信息费	
其他	
合　计	

表 3-35 利润表

单位：万元

项　　目	金　　额
销售收入	
直接成本	
毛利	
综合费用	
折旧前利润	
折旧	
支付利息前利润	
财务费用	
税前利润	
所得税	
年度净利润	

表 3-36 资产负债表

单位：万元

项　　目	金　　额	项　　目	金　　额
现金		长期负债	
应收款		短期负债	
在制品		应缴所得税	
产成品		—	
原材料		—	
流动资产合计		**负债合计**	
厂房建筑物		股东资本	
机器设备		利润留存	
在建工程		年度净利	
固定资产合计		**所有者权益合计**	
资产总计		**负债和所有者权益总计**	

(四)记录第六年的经营得失

六年经营结束了，你是否有意犹未尽的感觉？结束也意味着新的开始，好好回顾一下这一轮的经营，你最主要的收获是什么，填入表 3-37 中。

表 3-37　第六年经营得失记录单

你的企业的经营成果如何？成绩如何？														
企业														
成绩														

你有哪些经验、教训愿意和他人分享？

你认为企业经营成败最关键的因素是什么？为什么？

请记录第一轮企业投资规模，包括厂房、生产线、产品研发、市场开拓与 ISO 认证

【任务思考】

1. 体会新年度规划会议对企业年度经营与持续稳定发展的意义。
2. 思考在经营中团队合作精神对企业发展的意义。
3. 谈谈竞争精神、拼搏精神对企业经营的必要性。

模块三　ERP 沙盘模拟经营实战对抗

【任务评价】

本轮实战对抗经营的评价清单如表 3-38 所示。

表 3-38　实战对抗第一轮学习任务评价

学习任务	模拟经营第一轮实战对抗		
学习目标	掌握模拟经营规则，能够运用经营规则制定经营策略，完成投资建设、日常经营、编制报表和市场运营的业务；掌握经营流程，能够较好地完成第一轮对抗实战		
学习结果描述	1.你对经营规则是否熟练掌握并运用？		
	2.你在对抗实战的经营策略制定得如何？还有哪些需要完善的？		
	3.各职责岗位履行得如何？是否充分做到了合作经营？		
	4.思政元素：经过第一轮模拟经营实战对抗，你是否深刻领会到模拟经营过程中的团队精神、竞争精神和拼搏精神？你是否确立了创新创业的欲望与思想？		
学习反思			
学习评价	自评：	互评：	教师评价：

学习任务 3-2　模拟经营第二轮实战对抗

【接任务单】

本轮实战对抗经营的任务清单如表 3-39 所示。

表 3-39　第二轮对抗经营任务单

学习任务	模拟经营第二轮实战对抗
职业能力	能够站在企业长期发展的角度，合理规划企业经营计划并编制规划预算表，稳步经营企业，并不断扩大经营规模，取得更大的利润，提升所有者权
学习目标	运用战略的思维模拟经营企业，保证企业持续健康发展
资讯方式	1.教师提供；2.互联网查询；3.学生交流
学习内容	1.规划与编制经营预算； 2.完成投资与日常经营； 3.编制综合费用、利润和资产负债表； 4.投放广告、参加订货会
思政元素	第一轮模拟经营对抗可能激发了拼搏精神、竞争精神和创业欲望与思想，那么第二轮的模拟对抗经营，则是在第一轮模拟对抗经营的基础上培养竞争能力和创业能力，树立正确的人生理想与目标
学习方式	教师指导，经营团队精诚合作，以交流的形式完成学习

【实战对抗】

一、完成第一年的模拟对抗经营

(一)召开新年度规划会议，编制年度规划预算表并完成年度经营

召开年度规划会议商讨经营计划后，编制年度规划预算，然后根据规划预算表的经营流程，依托用友新道 ERP 商战平台，完成第一年的经营，如表 3-40 所示。

(二)编制第一年的报表

完成表 3-41 综合费用表、表 3-42 利润表、表 3-43 资产负债表数据的填写。

表 3-40 模拟经营规划预算与经营流程表

用户_____组 第___1___年

操作顺序		请按顺序执行下列各项操作。入库数量为"+",出库数量为"-"。			
年初		新年度规划会议			
		投放广告			
		参加订货会/登记销售订单			
		制订新年度计划			
		支付应缴税费			
		支付长期贷款利息			
		更新长期贷款/长期贷款还款			
		申请长期贷款			
	原材料/在制品/产品库存台账	一季度	二季度	三季度	四季度
1	季初盘点(请填数量)				
2	更新短期贷款/短期贷款还本付息				
3	申请短期贷款				
4	原材料入库/更新原材料订单				
5	下原材料订单				
6	购买/租用厂房				
7	更新生产/完工入库				
8	新建/在建/转产/变卖生产线				
9	紧急采购原材料(随时进行)				
10	开始下一批生产				
11	更新应收款/应收款收现				
12	按订单交货				
13	产品研发投资				
14	厂房出售(买转租)/退租/租转买				
15	新市场开拓/ISO 资格投资				
16	支付管理费/更新厂房租金				
17	出售库存				
18	厂房贴现				
19	应收款贴现				
20	季末入库合计				
21	季末出库合计				
22	季末数额对账[1项+20项+21项]				
年末	缴纳违约订单罚款				
	支付设备维护费				
	计提折旧				
	新市场/ISO 资格换证				
	结账				

表 3-41 综合费用表

单位：万元

项　目	金　额
管理费	
广告费	
设备维护费	
转产费	
厂房租金	
新市场开拓	
ISO 资格认证	
产品研发	
信息费	
其他	
合　计	

表 3-42 利润表

单位：万元

项　目	金　额
销售收入	
直接成本	
毛利	
综合费用	
折旧前利润	
折旧	
支付利息前利润	
财务费用	
税前利润	
所得税	
年度净利润	

注：库存折价拍价、生产线变卖、紧急采购、订单违约的损失计入综合费用的其他栏；每年经营结束请将此表交到裁判处核对。

表 3-43 资产负债表

单位：万元

项　目	金　额	项　目	金　额
现金		长期负债	
应收款		短期负债	
在制品		应缴所得税	
产成品		—	
原材料		—	
流动资产合计		**负债合计**	
厂房建筑物		股东资本	
机器设备		利润留存	
在建工程		年度净利	
固定资产合计		**所有者权益合计**	
资产总计		**负债和所有者权益总计**	

(三)记录第一年的经营得失

这是你们自主当家的第一年，是不是一个有收益的年度？你们的战略执行得如何？将你的感想记录下来和你的团队分享，如表 3-44 所示。

表 3-44　第一年经营得失记录单

经营策略改进了哪些方面？为什么这么改进？
企业经营遇到哪些问题？
下一年的经营策略该如何调整？

二、完成第二年的模拟对抗经营

(一)投放广告、参加订货会

第一年经营结束,提交报表后,投放广告并参加订货会,会后整理订单信息,填写订单登记表,如表3-45所示。

表3-45 订单登记表

订单号											合计
市场											
产品											
数量/个											
账期											
销售额/元											
成本/元											
毛利/元											

(二)召开新年度规划会议,编制年度规划预算表并完成年度经营

订货会后,整理订单信息,根据订单情况,调整与编制新年度经营计划后,编制年度规划预算,再根据规划预算表的经营流程,依托用友新道ERP商战平台,完成第二年的模拟经营,如表3-46所示。

表3-46 模拟经营规划预算与经营流程表

用户_____组 第__2__年

操作顺序	请按顺序执行下列各项操作。入库数量为"+",出库数量为"-"。		
年初	新年度规划会议		
	投放广告		
	参加订货会/登记销售订单		
	制订新年度计划		
	支付应缴税费		
	支付长期贷款利息		
	更新长期贷款/长期贷款还款		
	申请长期贷款		

续表

	原材料/在制品/产品库存台账	一季度	二季度	三季度	四季度
1	季初盘点(请填数量)				
2	更新短期贷款/短期贷款还本付息				
3	申请短期贷款				
4	原材料入库/更新原材料订单				
5	下原材料订单				
6	购买/租用厂房				
7	更新生产/完工入库				
8	新建/在建/转产/变卖生产线				
9	紧急采购原材料(随时进行)				
10	开始下一批生产				
11	更新应收款/应收款收现				
12	按订单交货				
13	产品研发投资				
14	厂房出售(买转租)/退租/租转买				
15	新市场开拓/ISO 资格投资				
16	支付管理费/更新厂房租金				
17	出售库存				
18	厂房贴现				
19	应收款贴现				
20	季末入库合计				
21	季末出库合计				
22	季末数额对账[1 项+20 项+21 项]				
年末	缴纳违约订单罚款				
	支付设备维护费				
	计提折旧				
	新市场/ISO 资格换证				
	结账				

(三)编制第二年的报表

完成表 3-47 综合费用表、表 3-48 利润表、表 3-49 资产负债表数据的填写。

表 3-47 综合费用表

单位：万元

项　目	金　额
管理费	
广告费	
设备维护费	
转产费	
厂房租金	
新市场开拓	
ISO 资格认证	
产品研发	
信息费	
其他	
合　计	

表 3-48 利润表

单位：万元

项　目	金　额
销售收入	
直接成本	
毛利	
综合费用	
折旧前利润	
折旧	
支付利息前利润	
财务费用	
税前利润	
所得税	
年度净利润	

表 3-49 资产负债表

单位：万元

项　目	金　额	项　目	金　额
现金		长期负债	
应收款		短期负债	
在制品		应缴所得税	
产成品		—	
原材料		—	
流动资产合计		负债合计	
厂房建筑物		股东资本	
机器设备		利润留存	
在建工程		年度净利	
固定资产合计		所有者权益合计	
资产总计		负债和所有者权益总计	

(四)记录第二年的经营得失

现在已经是第二年了，你肯定获得了很多不同于第一年的感受，渐渐地从感性走向理性。将你的感想记录下来和你的团队分享吧，如表 3-50 所示。

表 3-50　第二年经营得失记录单

广告投放是否合理？是否拿到预计的订单？

企业经营遇到哪些问题？

今年的权益是多少？能否为下一年经营奠定基础？

如何改进下一年的经营策略？

三、完成第三年的模拟对抗经营

(一) 投放广告、参加订货会

第二年经营结束，提交报表后，投放广告并参加订货会，会后整理订单信息，填写订单登记表，如表 3-51 所示。

表 3-51　订单登记表

订单号									合计
市场									
产品									
数量/个									
账期									
销售额/元									
成本/元									
毛利/元									

(二) 召开新年度规划会议，编制年度规划预算表并完成年度经营

订货会后，整理订单信息，根据订单情况，调整与编制新年度经营计划后，编制年度规划预算，然后根据规划预算表的经营流程，依托用友新道 ERP 商战平台，完成第三年的模拟经营，如表 3-52 所示。

表 3-52　模拟经营规划预算与经营流程表

用户_____组　第_3_年

操作顺序	请按顺序执行下列各项操作。入库数量为"+"，出库数量为"-"。		
年初	新年度规划会议		
	投放广告		
	参加订货会/登记销售订单		
	制订新年度计划		
	支付应缴税费		
	支付长期贷款利息		
	更新长期贷款/长期贷款还款		
	申请长期贷款		

续表

	原材料/在制品/产品库存台账	一季度	二季度	三季度	四季度
1	季初盘点(请填数量)				
2	更新短期贷款/短期贷款还本付息				
3	申请短期贷款				
4	原材料入库/更新原材料订单				
5	下原材料订单				
6	购买/租用厂房				
7	更新生产/完工入库				
8	新建/在建/转产/变卖生产线				
9	紧急采购原材料(随时进行)				
10	开始下一批生产				
11	更新应收款/应收款收现				
12	按订单交货				
13	产品研发投资				
14	厂房出售(买转租)/退租/租转买				
15	新市场开拓/ISO 资格投资				
16	支付管理费/更新厂房租金				
17	出售库存				
18	厂房贴现				
19	应收款贴现				
20	季末入库合计				
21	季末出库合计				
22	季末数额对账[1 项+20 项+21 项]				
年末	缴纳违约订单罚款				
	支付设备维护费				
	计提折旧				
	新市场/ISO 资格换证				
	结账				

(三)编制第三年的报表

完成表 3-53 综合费用表、表 3-54 利润表、表 3-55 资产负债表数据的填写。

表 3-53　综合费用表

单位：万元

项　　目	金　　额
管理费	
广告费	
设备维护费	
转产费	
厂房租金	
新市场开拓	
ISO 资格认证	
产品研发	
信息费	
其他	
合　计	

表 3-54　利润表

单位：万元

项　　目	金　　额
销售收入	
直接成本	
毛利	
综合费用	
折旧前利润	
折旧	
支付利息前利润	
财务费用	
税前利润	
所得税	
年度净利润	

表 3-55　资产负债表

单位：万元

项　　目	金　　额	项　　目	金　　额
现金		长期负债	
应收款		短期负债	
在制品		应缴所得税	
产成品		——	
原材料		——	
流动资产合计		负债合计	
厂房建筑物		股东资本	
机器设备		利润留存	
在建工程		年度净利	
固定资产合计		所有者权益合计	
资产总计		负债和所有者权益总计	

(四)记录第三年的经营得失

三年的时间是一个很长的时间跨度，回过头来审视你们的战略是否成功？对产品和市场做一次精确的分析，有助于发现你们的利润在哪里，如表 3-56 所示。

表 3-56　第三年经营得失记录单

是否增加了生产线、产品研发和市场开拓的投资？

总结一下广告投放、产能、采购与融资的状况。

面向未来的三年，你准备如何扬长避短、超越竞争对手？

四、完成第四年的模拟对抗经营

(一)投放广告、参加订货会

第三年经营结束，提交报表后，投放广告并参加订货会，会后整理订单信息，填写订单登记表，如表 3-57 所示。

表 3-57　订单登记表

订单号								合计
市场								
产品								
数量/个								
账期								
销售额/元								
成本/元								
毛利/元								

(二)召开新年度规划会议，编制年度规划预算表并完成年度经营

订货会后，整理订单信息，根据订单情况，调整与编制新年度经营计划后，编制年度规划预算，然后根据规划预算表的经营流程，依托用友新道 ERP 商战平台，完成第四年的模拟经营，如表 3-58 所示。

表 3-58　模拟经营规划预算与经营流程表

用户_____ 组　第___4___年

操作顺序							
年初	请按顺序执行下列各项操作。入库数量为"+"，出库数量为"-"。						
	新年度规划会议						
	投放广告						
	参加订货会/登记销售订单						
	制定新年度计划						
	支付应缴税费						
	支付长期贷款利息						
	更新长期贷款/长期贷款还款						
	申请长期贷款						
	原材料/在制品/产品库存台账	一季度		二季度		三季度	四季度
1	季初盘点(请填数量)						
2	更新短期贷款/短期贷款还本付息						
3	申请短期贷款						
4	原材料入库/更新原材料订单						
5	下原材料订单						
6	购买/租用厂房						
7	更新生产/完工入库						
8	新建/在建/转产/变卖生产线						
9	紧急采购原材料(随时进行)						

续表

	原材料/在制品/产品库存台账	一季度	二季度	三季度	四季度
10	开始下一批生产				
11	更新应收款/应收款收现				
12	按订单交货				
13	产品研发投资				
14	厂房出售(买转租)/退租/租转买				
15	新市场开拓/ISO 资格投资				
16	支付管理费/更新厂房租金				
17	出售库存				
18	厂房贴现				
19	应收款贴现				
20	季末入库合计				
21	季末出库合计				
22	季末数额对账[1 项+20 项+21 项]				
年末	缴纳违约订单罚款				
	支付设备维护费				
	计提折旧				
	新市场/ISO 资格换证				
	结账				

(三)编制第四年的报表

完成表 3-59 综合费用表、表 3-60 利润表、表 3-61 资产负债表数据的填写。

表 3-59　综合费用表

单位：万元

项　目	金　额
管理费	
广告费	
设备维护费	
转产费	
厂房租金	
新市场开拓	
ISO 资格认证	
产品研发	
信息费	
其他	
合　计	

表 3-60　利润表

单位：万元

项　目	金　额
销售收入	
直接成本	
毛利	
综合费用	
折旧前利润	
折旧	
支付利息前利润	
财务费用	
税前利润	
所得税	
年度净利润	

表 3-61 资产负债表

单位：万元

项　目	金　额	项　目	金　额
现金		长期负债	
应收款		短期负债	
在制品		应缴所得税	
产成品		—	
原材料		—	
流动资产合计		负债合计	
厂房建筑物		股东资本	
机器设备		利润留存	
在建工程		年度净利	
固定资产合计		所有者权益合计	
资产总计		负债和所有者权益总计	

(四)记录第四年的经营得失

四年的管理经验已使你今非昔比。如何有效地利用资源，扩大市场份额，提升利润是管理者必须关注的，如表 3-62 所示。

表 3-62 第四年经营得失记录单

产能是否达到了预期的规模？
新年度规划的意图是否能够得到实现？

续表

是否对企业经营有了更深的认识？有了哪些认识？

企业的竞争能力如何？

五、完成第五年的模拟对抗经营

(一)投放广告、参加订货会

第四年经营结束，提交报表后，投放广告并参加订货会，会后整理订单信息，填写订单登记表，如表 3-63 所示。

表 3-63 订单登记表

订单号											合计
市场											
产品											
数量/个											
账期											
销售额/元											
成本/元											
毛利/元											

(二)召开新年度规划会议，编制年度规划预算表并完成年度经营

订货会后，整理订单信息，根据订单情况，调整与编制新年度经营计划后，编制年度规划预算，然后根据规划预算表的经营流程，依托用友新道 ERP 商战平台，完成第五年的经营，如表 3-64 所示。

模块三　ERP 沙盘模拟经营实战对抗

表 3-64　模拟经营规划预算与经营流程表

用户_____组　第___5___年

操作顺序	请按顺序执行下列各项操作。入库数量为"+"，出库数量为"-"。				
年初	新年度规划会议				
	投放广告				
	参加订货会/登记销售订单				
	制订新年度计划				
	支付应缴税费				
	支付长期贷款利息				
	更新长期贷款/长期贷款还款				
	申请长期贷款				
原材料/在制品/产品库存台账		一季度	二季度	三季度	四季度
1	季初盘点(请填数量)				
2	更新短期贷款/短期贷款还本付息				
3	申请短期贷款				
4	原材料入库/更新原材料订单				
5	下原材料订单				
6	购买/租用厂房				
7	更新生产/完工入库				
8	新建/在建/转产/变卖生产线				
9	紧急采购原材料(随时进行)				
10	开始下一批生产				
11	更新应收款/应收款收现				
12	按订单交货				
13	产品研发投资				
14	厂房出售(买转租)/退租/租转买				
15	新市场开拓/ISO 资格投资				
16	支付管理费/更新厂房租金				
17	出售库存				
18	厂房贴现				
19	应收款贴现				
20	季末入库合计				
21	季末出库合计				
22	季末数额对账[1 项+20 项+21 项]				
年末	缴纳违约订单罚款				
	支付设备维护费				
	计提折旧				
	新市场/ISO 资格换证				
	结账				

(三)编制第五年的报表

完成表 3-65 综合费用表、表 3-66 利润表、表 3-67 资产负债表数据的填写。

表 3-65　综合费用表

单位：万元

项　目	金　额
管理费	
广告费	
设备维护费	
转产费	
厂房租金	
新市场开拓	
ISO 资格认证	
产品研发	
信息费	
其他	
合　计	

表 3-66　利润表

单位：万元

项　目	金　额
销售收入	
直接成本	
毛利	
综合费用	
折旧前利润	
折旧	
支付利息前利润	
财务费用	
税前利润	
所得税	
年度净利润	

表 3-67　资产负债表

单位：万元

项　目	金　额	项　目	金　额
现金		长期负债	
应收款		短期负债	
在制品		应缴所得税	
产成品		—	
原材料		—	
流动资产合计		**负债合计**	
厂房建筑物		股东资本	
机器设备		利润留存	
在建工程		年度净利	
固定资产合计		**所有者权益合计**	
资产总计		**负债和所有者权益总计**	

(四)记录第五年的经营得失

又走过了五年，你的体会一定很深刻，那就一吐为快吧，如表 3-68 所示。

表 3-68　第五年经营得失记录单

这一年的权益如何？是否能够继续扩大生产规模？
你领会到战略对于企业经营的意义了吗？
如何看待企业之间的竞争？
你对最后一年的经营有什么打算？

六、完成第六年的模拟对抗经营

(一)投放广告、参加订货会

第五年经营结束，提交报表后，投放广告并参加订货会，会后整理订单信息，填写订单登记表，如表3-69所示。

表3-69 订单登记表

订单号										合计
市场										
产品										
数量/个										
账期										
销售额/元										
成本/元										
毛利/元										

(二)召开新年度规划会议，编制年度规划预算表并完成年度经营

订货会后，整理订单信息，根据订单情况，调整与编制新年度经营计划后，编制年度规划预算，然后根据规划预算表的经营流程，依托用友新道ERP商战平台，完成第六年的经营，如表3-70所示。

表3-70 模拟经营规划预算与经营流程表

用户_____组 第__6__年

操作顺序	请按顺序执行下列各项操作。入库数量为"+"，出库数量为"-"。		
年初	新年度规划会议		
	投放广告		
	参加订货会/登记销售订单		
	制订新年度计划		
	支付应缴税费		
	支付长期贷款利息		
	更新长期贷款/长期贷款还款		
	申请长期贷款		

续表

	原材料/在制品/产品库存台账	一季度	二季度	三季度	四季度
1	季初盘点(请填数量)				
2	更新短期贷款/短期贷款还本付息				
3	申请短期贷款				
4	原材料入库/更新原材料订单				
5	下原材料订单				
6	购买/租用厂房				
7	更新生产/完工入库				
8	新建/在建/转产/变卖生产线				
9	紧急采购原材料(随时进行)				
10	开始下一批生产				
11	更新应收款/应收款收现				
12	按订单交货				
13	产品研发投资				
14	厂房出售(买转租)/退租/租转买				
15	新市场开拓/ISO 资格投资				
16	支付管理费/更新厂房租金				
17	出售库存				
18	厂房贴现				
19	应收款贴现				
20	季末入库合计				
21	季末出库合计				
22	季末数额对账[1 项+20 项+21 项]				
年末	缴纳违约订单罚款				
	支付设备维护费				
	计提折旧				
	新市场/ISO 资格换证				
	结账				

(三)编制第六年的报表

完成表 3-71 综合费用表、表 3-72 利润表、表 3-73 资产负债表数据的填写。

表 3-71 综合费用表

单位：万元

项　　目	金　　额
管理费	
广告费	
设备维护费	
转产费	
厂房租金	
新市场开拓	
ISO 资格认证	
产品研发	
信息费	
其他	
合　计	

表 3-72 利润表

单位：万元

项　　目	金　　额
销售收入	
直接成本	
毛利	
综合费用	
折旧前利润	
折旧	
支付利息前利润	
财务费用	
税前利润	
所得税	
年度净利润	

表 3-73 资产负债表

单位：万元

项　　目	金　　额	项　　目	金　　额
现金		长期负债	
应收款		短期负债	
在制品		应缴所得税	
产成品		—	
原材料		—	
流动资产合计		**负债合计**	
厂房建筑物		股东资本	
机器设备		利润留存	
在建工程		年度净利	
固定资产合计		**所有者权益合计**	
资产总计		**负债和所有者权益总计**	

(四)记录第六年的经营得失

六年经营结束了，你是否有意犹未尽的感觉？结束也意味着新的开始，好好回顾一下这一轮的经营，你最主要的收获是什么，填入表 3-74 中。

模块三　ERP 沙盘模拟经营实战对抗

表 3-74　第六年经营得失记录单

请记录你的企业的经营成果和对抗分值，是否比上一轮提升了？在所有的对抗企业中处于什么竞争地位？
你有哪些经验和教训愿意和他人分享？
请总结一下创业精神。
请记录投资规模，包括厂房、生产线、产品研发、市场开拓与 ISO 认证。你认为企业的投资规模与经营成果相匹配吗？

【任务思考】

1. 你是否充分理解了业财融合的理念？
2. 你对战略经营管理是否有了进一步的认识？
3. 谈谈如何提升企业的竞争能力？是否思考了自己的人生定位？

【任务评价】

本轮实战对抗经营的评价清单如表 3-75 所示。

表 3-75　实战对抗第二轮学习任务评价

学习任务	模拟经营第二轮实战对抗
学习目标	熟练地运用经营规则制定经营策略,能够从整体、全局的角度规划企业的经营业务,基本具备战略的眼光与意识,确立竞争意识,具备敢拼的胆量,能够很好地完成第二轮对抗实战
学习结果描述	1.你对第二轮的对抗经营还满意吗?有哪些遗憾呢? 2.你具备战略意识和格局了吗? 3.你在对抗过程中是否做到了敢打敢拼? 4.思政元素:在你的人生理想与目标中,拼搏精神、竞争能力与创业能力占据什么样的位置?
学习反思	
学习评价	自评:　　　　　互评:　　　　　教师评价:

【小结】

通过两轮的实战对抗训练,学生对模拟经营表现出了非常高的兴趣,已经熟练掌握了经营规则,在经营技巧上也有了清醒的认知,对于企业如何能够持续发展也有了清晰的认识,并能够在模拟经营过程中实践与探索,对经营管理理论有了感性的认知;而且在模拟经营过程中,学生能够树立竞争意识、表现出敢打敢拼的精神、永不放弃的精神以及团队合作的精神。

【实战对抗随笔】

第_____周　　　　周_____

模块四
ERP 沙盘模拟经营实战深化

【内容导学】

经过两轮六年的实战对抗经营，学生在经营理念、经营策略上均有了很大提高，获得了很多经营经验，但是模拟企业之间、同学之间还存在着差异，缺少长远的经营规划，在此对经营过程中的经营技巧和理念做出归纳总结甚至反思，以有利于学生用发展的眼光看待企业经营，确立正确的创业思维。

【思维导图】

本模块的学习任务如图4-1所示。

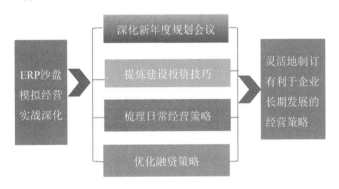

图 4-1　ERP 沙盘模拟经营实战深化学习思维导图

【微课视频】

扫一扫，获取本模块相关微课视频。

　4-2-1　购租厂房的选择

　4-2-2　生产线的选择

　4-2-3　生产线建设及产品研发策略

　4-3-1　存货管理

　4-3-2　订单提交与紧急采购

　4-3-3　应交所得税的计算与支付

　4-4　优化融资策略

学习任务 4-1　深化新年度规划会议

【接任务单】

本学习任务的任务清单如表 4-1 所示。

表 4-1　深化新年度规划会议任务单

学习任务	深化新年度规划会议
职业能力	能够根据市场情况，本着发展的思维做好企业的新年度规划，保证企业的持续稳定发展
学习目标	深刻理解新年度规划会议的含义、内容与重要性，以及如何做好新年度规划
获得信息方式	1.教师提供；2.互联网查询；3.学生交流
学习内容	1.新年度规划与经营规划书； 2.新年度规划会议的基本法则； 3.如何做好新年度规划
思政元素	之所以深化新年度规划会议，就是强调战略规划、资金规划对企业经营的重要性，树立风险意识和责任意识，保证企业的持续发展，为社会创造更多价值
学习方式	教师引导，师生共同讨论，以交流的形式完成学习

【深化指导】

一、新年度规划会议的直接成果是企业经营规划书

新年度规划会议，在模拟经营流程表中只有一个格子，没有资金的流动，也没有任何操作，因此很多初学者往往把新年度规划会议忽视了。恰恰相反，一支真正成熟的、有竞争力、有水平的经营团队，可能会用掉全部对抗经营时间的 3/4 以上来进行年度规划。年度规划要做些什么呢？要怎么做呢？

首先，年度规划会议是公司的战略规划会，是一个公司的全面预算会，是"运筹帷幄"的决策会。可以对照 ERP 沙盘模拟经营流程表将公司一年中要做的决策都模拟一遍，从而达到"先胜而后求战"的效果。套用《孙子兵法》里的话：规划，企业大事也，生死之道，存亡之地，不可不察也。

其次，新年度规划会议讨论的结果是企业的经营规划书。新年度规划会议根据年度不同和经营策略不同，所涉及的内容也不同。其内容包括以下几方面。

(1) 市场竞争环境分析，即对市场的销售量、销售单价预测和市场竞争力的分析，为经营战略的确定提供依据。

(2) 企业经营战略，即固定资产投资战略、产品研发及生产战略、市场开发与开拓战略。

(3) 企业生产计划，根据企业经营战略，制订生产计划。确定产品投产的时间和投产的品种(当然也可以预计产品完工时间)，从而预计产品投产需要的加工费和原材料。生产计划包括产品及材料需求计划、开工计划、原材料需求计划等。

(4) 企业采购计划，根据生产计划确定采购策略与采购计划，包括采购的时间与采购的数量、付款的时间与金额，确保生产计划的顺利实施。

(5) 资金运筹与使用规划，根据经营战略与经营计划，确定筹资策略与筹资金额，保证公司战略的实施。

那么新年度规划应该怎么做才能有效呢？在经营之初必须厘清以下几个问题。

(1) 企业的经营目标——核心是盈利目标，还包括市场占有率等目标。
(2) 开发什么市场？何时开发？
(3) 开发什么产品？何时开发？
(4) 开发什么 ISO 认证？何时开发？
(5) 建设什么生产线？何时建设？
(6) 融资策略是什么？
……

弄清楚这些问题后，再填写年度经营流程表。流程表中明确了企业每年需要做的事情和对应的现金支出，将业务与财务紧密衔接，填完经营流程表年度规划就做完了，但是在填写年度经营流程表时必须把眼光立足当年并放眼未来 2~3 年，否则没有长远指导意义。

一次成功的新年度研讨会有以下评价。

明确了方向：对未来怎么发展，企业核心管理团队有了清晰的方向指引。

确立了目标：在发展方向下，对于短期目标和长期目标有了清晰可量化的指标。

明晰了路径：对于如何达成目标的关键战略举措进行了充分的研讨。

达成了共识：战略目标和举措在各核心管理团队间形成了共识。

奠定了信心：经过管理层的研讨论证，对战略目标的实现有了可行的路径，从而增强了战略目标实现的信心。

二、新年度规划会议的法则

虽然每个企业的新年度规划内容有所不同，规律却是一样的，正如老子《道德经》开篇一句："道可道，非常道！""道"是靠悟的！更重要的是需要不断地实践总结。

(一)万事预则立，不预则废

ERP 沙盘模拟经营与现实中的企业经营一样，需要根据环境变化制订并调整经营规划、制订预算。没有好的规划预算，没有走一步看三步的眼光，只能是"哥伦布"式的管理，走到哪里？不知道！去过哪里？不知道！要去哪里？不知道！这样"脚踩西瓜皮——溜到哪儿算哪儿"的决策方式，很难在沙盘比赛中取得好成绩。

(二)用数据说话

在 ERP 沙盘模拟经营中，用数据说话是最重要的法则之一。凡事要用数据检验，制定大的战略，更要经过严谨周密的计算，提供翔实可靠的数据以支持决策，否则只能是沦为"四拍"式管理——拍脑袋决策，拍胸脯保证，拍大腿后悔，拍屁股走人。

(三)知己知彼，百战不殆

"知己知彼，百战不殆"是《孙子兵法》中很重要的一个战略思想，同样非常适用于 ERP 沙盘模拟对抗经营。时刻关注竞争对手，能够准确地推断出竞争对手的战略意图，从而采取相应的策略进行有效的阻击，才能从一片红海搏杀中找到蓝海，起到"师夷长技以制夷"的效果。

如何更好地了解竞争对手，做到知己知彼的状态呢？那就是搜集企业的商业情报。

商业情报应该了解什么？简单地说就是把别人的企业当成自己的企业来关注，尽可能多地掌握对手信息，比如现金流、贷款额度、ISO 资质认证、市场开拓、产品研发、原材料的订单及库存、订单详情、生产线的类型、成品库存……然后再一组一组地分析、过滤竞争对手，其中最重要的是分析提炼出竞争对手的各种产品的"产能"和"现金流"，这两个要素是在市场选单博弈中最关键的。

通过竞争对手的生产线情况以及原材料采购情况，可以推测出对手的最大产能及可能进行的转产计划，甚至对每个季度可以交付几个什么产品都要了如指掌。只有这样在选单市场的博弈中，才可能推断出对手的拿单策略，并且针对其产能需求采取遏制或规避战术。同样，对现金流的密切监控，就可以分析出对手可能投放的广告费用多少及拿单的策略。这些信息都为市场决策提供了非常重要的决策依据。

同时还要密切注意主要竞争对手的选单情况，不仅要记录他们销售的产品数量，甚至连交货期和账期都要做密切的关注和记录，分析出他们在竞单市场的拿单能力，从而可以有针对性地制定策略，来实现更丰厚的销售利润。

搜集商业情报的途径有四个。

(1) 巡盘。在 ERP 沙盘模拟经营正式比赛中，有一个环节让各个企业相互巡盘，即间谍功能。通过巡盘可以掌握竞争对手的策略与资源。

(2) 报表。每年结束投放广告之前，教师会通过系统发放报表，每个企业通过报表可以推断出竞争对手的投资策略与产品策略。

(3) 选单。选单过程中根据对方选择订单的情况判断其基本的经营策略以及产能。

(4) 间谍。单击"间谍"按钮，可以查看相关企业的基本情况。

(四)细节决定成败

张瑞敏对细节孜孜不倦地追求，是海尔由一个濒临破产的公司成长为中国标志性的跨国公司的重要核心因素。在 ERP 沙盘模拟对抗经营过程中，也必须从细节入手。

在上课或者在比赛过程中，总有同学抱怨说：就是因为点错了一步操作，就是因为着急算错了一个数，就是因为一不小心忘记做某个操作了等。很多人认为这些"失误"是微乎其微的，不是真正实力的体现，或者即使错了，也无关大局，下次注意改正就好了。在ERP沙盘对抗经营中的失误，就是现实中真正的失误，对企业的影响可能就是致命的，即所谓的"一着不慎满盘皆输"。

关注细节是一种习惯，需要从平时的点滴中慢慢积累培养。有时会认为运气不好，因为某个小错误导致经营失败太可惜了。究其根本，因为在细节上没有把控好，犯了"致命的失误"，导致满盘皆输。

人们经常说：一个好的财务(计算)可以保证企业不死，一个好的市场(博弈)可以让企业壮大。在前两个条件差不多的情况下，那么不犯错或者少犯错的模拟企业就可以获得冠军了，高水平的巅峰对决，比的就是细节的把控和掌握。

(五)因势利导，随机应变

在ERP模拟对抗经营过程中，无论前期做了多么仔细、精确的预算和规划，也有可能随时发生预想不到的情况，如由于没有忽略交货期而导致选错订单。因为有些突发状况事先无法预测，但又无法回避现实问题，所以遇到突发情况时，不能乱了阵脚，要静下心来商讨应对的策略，将损失或竞争压力降到最低，争取及时挽回局面。平日注重培养具备"泰山崩于前而面不改色"的心理素质，以及及时分析时局、因势利导、随机应变处理突发状况的大将风度，只有这样才能在复杂的竞争环境中保持团队的战斗力，才能在随时变化的时局中"嗅"出制胜之道，才能在危机出现时转危为安。

【任务思考】

1. 思考新年度规划与企业战略的关系。
2. 思考新年度规划与企业预算的关系。
3. 人生也存在很多不确定性，是否也应该以负责的态度做出人生规划？

【任务评价】

本学习任务的评价清单如表 4-2 所示。

表 4-2　深化新年度规划会议任务评价

学习任务	深化新年度规划会议		
学习目标	深刻理解新年度规划会议的含义、内容与重要性，以及如何做好新年度规划		
学习结果描述	1.谈谈你对新年度规划会议的进一步理解。 2.谈谈新年度规划不到位对企业经营的影响。 3.谈谈你在对抗经营过程中是如何做新年度规划的。 4.思政元素：风险观念和责任意识对企业经营非常重要，对人生发展也非常重要，谈谈对风险观念和责任意识的认识。		
学习反思			
学习评价	自评：	互评：	教师评价：

学习任务 4-2　提炼建设投资技巧

【接任务单】

本学习任务的任务清单如表 4-3 所示。

表 4-3　提炼长期投资任务单

学习任务	提炼长期投资技巧
职业能力	能够根据新年度规划，本着协调、持续发展的思维，合理地进行生产条件的建设投资，保证满足生产的需要，同时又能最大限度地利用资金
学习目标	熟练掌握投资规则并能够灵活运用，做好企业的建设规划
获得信息方式	1.教师提供；2.互联网查询；3.学生交流
学习内容	1.购与租厂房的选择； 2.生产线的性价选择； 3.产品研发与生产线建设协调
思政元素	提炼投资技巧的目的也是充分利用企业有限的资源，获取最大的收益，保证企业的持续稳定发展，进一步树立风险意识和持续发展理念，为社会、为国家创造更多的价值
学习方式	教师引导，师生共同讨论，以交流的形式完成学习

【提炼指导】

一、购租厂房的选择

(一)购买厂房可以减少支出保证权益

(1) 资金充足的情况下买厂房合算。ERP 沙盘模拟经营规则规定厂房不需要折旧，如果购买了厂房，只是将流动资产的现金变成了固定资产的土地厂房，资产总量上并没有变化。而且通过购买厂房的方式，可以节约房产的租金。因此如果是自有资金充裕的情况下，购买厂房比租厂房更划算。

(2) 贷款购买厂房也合算。如果规则中长期贷款的利率是 10%，短期贷款的利率是 5%；大厂房的购买价格是 40 万元，租金 5 万元/年，小厂房的购买价格是 30 万元，租金 3 万元/年。假设用贷款去购买厂房的话，用长期贷款买大厂房所需支付的利息为 4 万元，小厂房为 3 万元。用短期贷款买大厂房所需支付利息为 2 万元，小厂房为 1.5 万元，且贷款利息是第 2 年支付的。很显然，无论哪种方式的贷款，买厂房支付的利息均小于厂房租金。

在第一年初始条件下，不仅有初始资金，还有充足的贷款额度，因此在第一年布局阶段,通常不会出现资金紧张的局面。而第一年年末的权益会直接影响第二年公司的贷款额度,所以第一年经营者会减少费用的支出,想尽办法控制权益的下降。根据上述分析我们不难看出,第一年开局即使利用银行贷款来买厂房,也会减少厂房租金的费用支出,对权益的保持是非常有帮助的。不过如果希望第一年大规模铺建生产线,购买厂房可能会导致资金不足。

(二)租大厂房比租小厂房节约租金

根据 ERP 沙盘模拟经营规则,大厂房可以容纳六条生产线;小厂房可以容纳四条生产线。在开局阶段选择什么样的厂房开始经营,也是谋篇布局所要考虑的问题之一。

根据前面的分析,第一年选择购买了厂房,以减少权益的损失。那么即使第二年的年初就出售,从第二年开始,租用小厂房每年租金比大厂房少 2 万元。但比较以下两种情况可以得出另外的结论。

第一种情况,如果第一年购买小厂房,建设四条生产线,第二年买转租,第三年为增加生产线再租用大厂房,那么第三年厂房总租金将达到 8 万元,两年的总租金为 11(0+3+8)万元。

第二种情况,如果第一年购买大厂房,建设四条生产线,第二年买转租,第三年继续租,两年的总租金为 10(0+5+5)万元。

因此如果在战略规划上,第三年年末计划建设生产线在 5~6 条的,合理规划租用大厂房也能达到节省租金的效果。

选择大厂房开局还是小厂房开局,要根据初始资本、市场环境等因素先做合理的产能扩张计划,然后根据公司整体长远战略规划来选择相应的更具性价比的厂房策略。

(三)出售厂房比贴现厂房节约贴现利息

根据 ERP 沙盘模拟经营规则提供了两种处理厂房的方式。

一种是出售厂房,将厂房价值变成 4 日的应收款,如果厂房内还有生产线的话,那么会扣除厂房租金。

另一种是通过厂房贴现的方式,相当于直接将厂房出售后的 4 日应收款贴现,同时扣除厂房租金。

从本质上来说,两种厂房处理方式都是一样的,但是,由于贴现的应收款账期不同,贴息也不同,因此如果能够预见到资金不够,需要厂房处理来变现,那么可以提前两个季度出售厂房(厂房买转租)。那么当需要现金的时候,原来 4Q 的应收款,就已经到了两个账期的应收款,这个时候贴息也由 12.5%降低为 10%,可以有效地节省出 1 万元的厂房贴现费用。

另外,厂房出售不受租期限制,每个季度都可以操作。随着企业的发展资金越来越雄厚,存在要把厂房租转买时却操作不了的情况。因为厂房租金是先扣再用的,租期是一年。例如第五年的租金,可能第一季度就扣掉了,而到了第二季度的时候想租转买,是无法执行的。因为第五年全年的租金已经支付。只能等到第六年的第一季度的厂房处理的时候，将厂房由租转买。相反出售厂房，或者厂房买转租则没有这样的限制，每个季度到厂房处理步骤时都可以处理。

二、生产线的性价选择

(一)自动生产线最具性价比

ERP 沙盘模拟经营的基本功就是计算，正确的决策背后一定是有一系列的数据作支撑的。即经常说的：要用数据说话。下面就生产线的性价比进行分析，看看究竟怎样安排生产线最划算。

(1) 自动生产线与手工生产线比较。根据 ERP 沙盘模拟经营规则，手工生产线生产一个产品需要三个周期，半自动生产线需要两个生产周期，全自动生产线和柔性生产线仅需要一个生产周期。那么可以得出三条手工生产线的产能等于一条自动生产线的产能。而设备购买价格三条手工生产线需要 15 万元，同样一条自动生产线也是 15 万元，价格一样，折旧一样，可是每年的维修费，三条手工生产线需要 3 万元的维修费，一条自动生产线只需要 1 万元的维修费。另外手工生产线比自动生产线多占用两个生产线的位置，分摊厂房租金下来，又是自动生产线的三倍。

手工线一年只能产出 1.3 个 P1 产品，即使 P1 以 3 万元一个的毛利来计算，一年下来手工线可以带来的毛利也只有 4 万元。另外，该手工线要扣除每年的 1 万元的维修费，同时分摊广告费、厂房租金、管理费等其他一系列综合费用。这样算下来，如果一直用手工线生产，即使不需要折旧，也是很难盈利的，更何况它占用了生产线的位置，制约了公司的产能扩张。这样算下来就会发现，不进行设备更新，单靠吃老本是难以为继的。

(2) 自动生产线与半自动生产线比较。同样的两条半自动生产线产能等于一条自动生产线产能。但是两条半自动生产线的购买费用需要 20 万元，而自动生产线的购买费用只需要 15 万元，同时两条半自动生产线的折旧费和维修费每年都要比自动生产线分别多出 1 万元，多分摊一个生产线位的租金。

(3) 自动生产线与柔性生产线的性价比呢？柔性生产线购买价格比自动生产线贵了 5 万元，如果可以用满 4 年，那么柔性生产线的残值比自动生产线多，相当柔性生产线比自动生产线贵 4 万元。从经营规则中知道，柔性生产线的优势在于转产，假设自动生产线转产一次，这个时候需要停产一个周期，同时支付 2 万元的转产费。由于柔性生产线安装周期比自动生产线多一个周期，因此自动生产线停产一个周期也相当于基本与柔性生产线持平。至此自动生产线仍然比柔性生产线少支出 2 万元。但是如果自动生产线开始第二次转产，又需要停产一个周期和支付 2 万元的转产费，那么柔性生产线可以比自动生产线多生产出一个产品，自然更具有优势。

(4) 转产两次或以上，柔性生产线最优。通过比较发现，如果从性价比的角度出发，自动生产线是最具性价比的，如果同一条生产线需要转产两次或以上的话，柔性生产线是最划算的。另外如果柔性生产线多的话，利用柔性生产线可以随意转产的特性，可以集中生产某产品，从而灵活调整交单的顺序和时间。由于市场存在不确定性，选择的市场订单有可能与经营规划相违背，这时就需要发挥柔性生产线的优势。

(二)手工生产线的妙用

经过前面的分析，是不是意味着手工生产线就没有任何用途了呢？其实不然，手工生产线隐藏着另外一个非常神秘且重要作用——救火突击队。在选单过程中，偶尔会遇到订单的数量比实际产能多了 1~2 个产品，很有可能就因为这一两个产品，导致放弃整个订单。

这时有两种方法，一种方法是可以选择紧急采购一个成品，来弥补这个产能的空缺；另外一种方法就是利用手工生产线即买即用的特点，在厂房生产线有空余的情况下，第 1 季度买一条手工生产线，那么通过 3 个季度的生产，可以在第 4 季度生产出一个产品用来交货，同时将空置的手工生产线立即出售。

通过突击增加手工生产线的方法，当年购买当年出售，不需要交维修费，即利用手工生产线紧急生产造成了 4 万元的损失。但多生成出的这个产品本身销售出去也有一定的毛利，即使不一定可以实现 4 万元的毛利，但是这样的方法比直接紧急采购产成品要经济实惠得多。但是这个方法在使用前，必须清楚原材料是否充足，如果另外还需要紧急采购原材料的话，那么还需要仔细算算到底如何处理更有利了。

(三)需要出售生产线节约费用

计提折旧是根据生产线使用的年限逐年计提的，当计提到设备残值时，就不需要继续计提折旧，虽生产线可以继续使用。因此有时设备已经折旧到残值时，舍不得卖掉。而设备维修费是根据设备的数量来收取的，只要设备建成了，无论有没有生产产品都需要支付维修费。由于维修费是在年末收取的，如果在年末结账之前就将设备卖掉，就不需要支付维修费了。那么，是否将生产线卖掉来减少维持费增加权益呢？

(1) 设备净值超过残值，不能卖。比如第一年第二季度开始投资新建自动线，连续投资三个季度，在第二年第一季度完工建成，机器设备的固定资产为15万元。那么根据建成当年不折旧的规则，这条自动线在第三年、第四年、第五年分别计提折旧 3 万元，那么到第六年年底，设备资产还剩净值 6 万元。因此如果第六年年底不卖生产线的话，那么年末计提设备折旧后，这条自动线的设备资产只能剩下残值 3 万元。然而规则规定自动线的残值为3万元，如果第六年年底直接将这条生产线卖掉，那么可以收回的也就是设备的残值 3 万元现金，另外 3 万元为损失计入其他费用中。

(2) 设备已经折旧到残值，即使不需要支付维护费了，也不能卖。这种情况虽然变相地节约了开支，提高了权益，似乎获得了意外的"收获"，但是对抗经营最终的成绩除了考虑所有者权益之外，还有投资。如果权益为 100 万元，系数为 1.5，则得分为 150，如果出售一条自动线，增加 1 万元的权益，同时系数会将为 1.4，则对抗经营的最终得分为 101×1.4=141.4(分)，分值反而下降了。

沙盘中还有很多细节，都是可以通过计算，将未知变成已知，将不确定变成确定，这就是"用数据说话"的思维。

三、产品研发投资与生产线建设协调

在 ERP 模拟经营实操对抗中，存在以下两种现象。

一是有的公司还没考虑建生产线，就先投资研发产品，结果出现产品研发完成了，生产线还没建成，导致无法正常生产。

二是有的公司生产线早早投资建设完工，但是由于产品研发没完成，导致生产线停工，无法投入正常的生产。

产品研发是按季度投资研发的，生产线的投资也是按季度投资建设的。那么最理想的状态应该是产品研发刚完成，生产线也刚好建成可以使用，如表 4-4 所示。

表 4-4　产品研发

投资项目	第一年				第二年			
	一季度	二季度	三季度	四季度	一季度	二季度	三季度	四季度
产品								
P1			1	1				
P2	1	1	1	1				
P3	1	1	1	1	1	1		
P4								
大厂房								
P1	5	5	5	5				
P1	5	5	5	5				
P2	5	5	5	5				
P3				5	5	5		
P4								
P4								

从表 4-4 中显示，两条柔性线用来生产 P1 产品，一条自动线用来生产 P2 产品，一条自动线用来生产 P3 产品。P1 产品并不是从第一季度开始研发的，因为即使在三季度研发成功了，根据生产线的投资规划，也没有生产线可以生产。同样第 4 条 P3 生产线之所以这样跨年度建设，也是为配合 P3 产品的研发，如果提前建设好了，而 P3 产品并没有研发成功，只能是停工，且会造成第一年的资金压力。

因此产品研发投资与生产线建设投资是密切相关的，两者步调协调才能将公司有限的资源最大化地利用起来。

【任务思考】

1. 简述建设投资对企业的影响。
2. 建设投资的规模如何确定？
3. 控制好建设投资的风险对企业的持续发展有什么影响？

【任务评价】

本学习任务的评价清单如表 4-5 所示。

表 4-5　提炼建设投资技巧任务评价

学习任务	提炼建设投资技巧		
学习目标	熟练掌握投资规则并能够灵活运用，做好企业的建设规划。本着协调、持续发展的思维，合理地进行生产条件的建设投资，保证满足生产的需要		
学习结果描述	1.谈谈你公司在对抗经营过程中，建设投资策略的优势与不足。 2.建设投资要注意什么问题？ 3.经营中用到哪些投资技巧？ 4.思政元素：在投资过程中，为控制投资风险、保证企业的持续发展，你做了哪些工作？这些工作对企业、对社会的意义是什么？		
学习反思			
学习评价	自评：	互评：	教师评价：

学习任务 4-3　梳理日常经营策略

【接任务单】

本学习任务的评价清单如表 4-6 所示。

表 4-6　梳理日常经营策略任务单

学习任务	梳理日常经营策略
职业能力	能够灵活运用模拟经营规则，制定有利于企业发展的经营策略，并能够根据市场变化及时调整
学习目标	能够灵活运用模拟经营规则，顺利地完成模拟经营并取得好的经济效益
获得信息方式	1.教师提供；2.互联网查询；3.学生交流
学习内容	1.原材料订单与入库管理； 2.订单灵活提交； 3.紧急采购的利用； 4.应付所得税的计算与支付； 5.参加订货会订单的选择
思政元素	规划与预算是根据预测事先做的，但是环境是变化的，市场是变化的，经营企业必须根据市场变化及时调整经营策略，所以灵活应变能力是企业经营者所具备的，也是经营企业所必须具备的意识与能力
学习方式	教师引导，师生共同讨论，以交流的方式完成学习

【梳理指导】

一、原材料订单与入库管理

(一)"零库存"管理

关于原材料需求量的计算、采购计划排程，是闭环物料需求计划(MRP)的核心内容之一，也是影响一个公司资金周转率的重要因素。以丰田汽车为首的汽车制造公司"零库存"管理方法得到了很多人的推崇，创造了明显的效益。

为什么要推崇"零库存"管理？因为资金是有时间成本的。简单地说，在 ERP 沙盘模拟经营过程中，必然需要贷款，这意味着用来买原材料的钱是需要支付利息的，但是原材料库存本身是不会获取利润的。因此原材料库存越多，则可能需要更多的贷款，增加的这部分贷款就增加了财务费用的支出，同时降低了资金周转率，因此减少库存是公司提高节流的一项重要举措。

ERP 沙盘模型经营中，产品的物料清单(BOW)是确定不变的，且原材料采购的时间周期也是确定的,因此需要通过明确的生产计划,准确地计算出所需原材料的种类和数量,以及相应的采购时间。例如 P2 产品的原材料是 R2+R3 构成,假设要在第四季度交一个 P2 产品,如果是自动线的话,则第三季度就必须上线开始生产。这时需要 R2 和 R3 原材料都到库。由于 R2 原材料需要提前一个季度采购,R3 原材料需要提前两个季度采购,因此,我们需要在第一季度下一个 R3 原材料订单,在第 2 季度下一个 R2 原材料订单。这样就可以保证在 P2 第三季度需要上线生产时正好有充足的原材料,同时才可以保证第四季度 P2 产品生产下线,准时交货。

这就是最基本的生产采购排程,通过精确排程计算,要做到每下一个原材料订单的时候,明白这个原材料是什么时候做什么产品需要的。这样才可以做到即时制(Just In Time, JIT)管理,实现"零库存"的目标。

(二)"百变库存"管理

在实现"零库存"管理后,说明公司管理者已经可以熟练掌握生成排程的技能。但是"零库存"管理是基于将来产品生产不变的情况下做的安排,而在 ERP 沙盘模拟经营中,经常需要根据市场订单、利用柔性线转产来调整已有的一些生产计划。因此追求绝对的"零库存",就暴露出一个问题——不能根据市场选单情况及时灵活地调整生产安排。因此在有柔性线的情况下,原材料采购计划应该多做几种可能性,取各种采购方案中出现的原材料数额的最大值。

例如,现有一条柔性生产线,在第二年的第一季度有可能需要上线生产 P2 产品,也有可能上线生产 P3 产品。P2 产品由 R2+R3 构成,P3 产品由 R1+R3+R4 构成。在这种生产安排不确定的情况下,通过分析可以发现,要在第二年第一季度实现任意产品的转换,需要在第一季度 R1、R2、R3、R4 四种原材料都有一个,这样才能保证生产线可以根据市场接单情况任意选择 P2 或者 P3 开工生产。

因此,要想充分发挥柔性线的转产优势,必须做好充分的原材料预算,将市场可能出现的拿单情况进行多可能性的分析。提前在第一年的第三季度、第四季度的原材料采购订单就做好转产库存的准备,同时在第二年的第一季度、第二季度减少相应的原材料订单,从而将上一年多订的预备转产的原材料库存消化掉。

做好原材料的灵活采购计划、"百变库存"管理,是保证后期的机动调整产能、灵活选取订单的基础,同时需要兼顾到资金周转率,才能发挥出柔性生产线最大的价值。

二、订单灵活提交

合理安排订单交货时间,配合现金预算需要,可以起到削峰平谷,减少财务费用的效果。一般来说产出了几个产品就按订单交几个,尽量多地交货。但是有时候,还应该参考订单的应收款账期来交货,使得回款峰谷与现金支出的谷峰正好匹配。

例如已经获得了两张订单:其中一张订单四个 P1 总额是 20 万元,账期为 3Q;另外一张订单为三个 P1 总额为 15 万元,账期为 2Q。假设第 2 季度正好库存有四个 P1 产品可以用于交货，而通过预算发现，第四季度的研发费和下一年的广告费不足，可能会导致资金断流。这时如果交的是四个 P1 的订单，那么很显然，在第四季度时销售货款还是 1Q 的应收款，如果现金周转不灵，必须通过贴现的方式将应收款变现，这样显然会增加财务费用。但是，如果第二季度不是产多少交多少，而是充分考虑的订单的应收款账期因素，在预算到第四季度的财务压力后，先交三个 P1 的订单，那么在第四季度就可以将 15 万元的应收账款收回，正好可以填补支付研发费、广告费等费用造成的现金低谷，从而避免了贴现造成的财务费用。

因此合理安排订单交货时间和次序，关注订单的应收款账期，通过细致的预算和资金筹划，可以起到很好的"节流"效果。

三、紧急采购的利用

紧急采购是相对不起眼的一个小规则，甚至很多模拟公司都将这个规则忽略了，认为一旦涉及紧急采购，就是亏本的买卖，不能做。事实上，恰恰是这么一个不起眼的规则，在市场选单和竞单过程中，可以发挥出奇兵的重要作用。

例如在选单过程中，第五年、第六年的国际市场，假设 P1 产品均价可以达到 6 万元，而这个时候，P1 产品的紧急采购价格也就是 6 万元。这就意味着，选单时如果出现大单而自己产能不够时，完全可以利用紧急采购来补充这部分的产品差额。另外还可以利用这样类似代销的模式，扩大在该市场的销售额，从而帮助公司抢到"市场老大"的地位。别的产品也是如此，通过紧急采购可以无形地扩大自己的产能，达到出其不意的战术效果。

提醒说明： ERP 沙盘模拟经营的规则与市场预测有多个，特别是在比赛中，每次的规则与预测均不同，我们教材前面的市场预测，P1 的价格不到 5 万元。是否利用紧急采购来扩大销售，要根据市场预测规则中的产品价格来定。

另外在竞单规则中，由于产品最大销售价格可以是该产品直接成本的三倍。因此如果接到的订单是直接成本三倍的价格，那么即使自己的产能不够，也可以利用紧急采购来弥补，同时因为紧急采购是随时可以购买的，可以即买即卖，所以还可以在交货期上占有一定的优势。

但是要注意，用紧急采购来交货并不是完全没有副作用的，即使在成本上没有亏损，也会导致把现金变成了应收款，因此在使用该方法时要先做好预算，看现金流是否可以支撑。

四、应付所得税的计算与支付

(一)关于应付所得税的计算

初学者对于 ERP 沙盘模拟经营的所得税的计算不是很清楚，什么时候该交，什么时候不需要交，也常常存在疑惑。

应付所得税，在用友 ERP 沙盘系统中可以理解成模拟公司经营盈利部分所要缴的税费。

缴纳所得税满足的两个条件。

(1) 经营公司的上一年权益加今年的税前利润大于模拟公司的初始权益。

(2) 经营当年盈利即税前利润为正。

应交所得税的计算公式如下：

$$应交所得税=(税前利润+上一年末权益-初始权益)\times 税率$$

例如某模拟公司初始权益为 80 万元，第一年年末的权益为 60 万元，第二年税前利润为 16 万元，税率为 25%。那么根据规则，税前利润 16+上一年末权益 60-初始权益 80=-4<0，该公司不需要缴纳所得税。

如果第三年的税前利润为 5 万元，则这 5+16+60=81 万元，超出初始资金 1 万元，应该缴税，但是 ERP 沙盘模拟系统没有小数，创业者系统是向下取整，商战系统是四舍五入，则第三年依然不需要缴税。但是会将 1 万元的应税利润滚动到下一年，与下一年的税前利润相加后扣税。

如果第四年的税前利润为 10 万元，则 10+81=91 万元，超出初始资金 11 万元，则第四年缴税的基数是 11 万元。

如果第五年的税前利润为 20 万元，则第五年缴税的基数就是 20 万元。

(二)关于企业所得税弥补亏损年限的规定

1. 一般企业

《企业所得税法》第五条规定：企业每一纳税年度的收入总额，减除不征税收入、免税收入、各项扣除以及允许弥补的以前年度亏损后的余额，为应纳税所得额。

第十八条规定：企业纳税年度发生的亏损，准予向以后年度结转，用以后年度的所得弥补，但结转年限最长不得超过五年。

2. 高新技术企业及科技型中小企业

《财政部 税务总局关于延长高新技术企业和科技型中小企业亏损结转年限的通知》(财税〔2018〕76 号)第一条规定，自 2018 年 1 月 1 日起，当年具备高新技术企业或科技型中小企业资格的企业，其具备资格年度之前 5 个年度发生的尚未弥补完的亏损，准予结转以后年度弥补，最长结转年限由 5 年延长至 10 年。

(三)关于所得税缴税时间

ERP 沙盘模拟经营系统里，应缴税费是在当年年底计算出来的，但是税款不在当年结束时支付，记录在资产负债表中"应交所得税"，以负债的形式体现的。直到下一年投放广告费时，应缴税款会连同到期长期贷款和长期贷款利息一起支付扣减。有的模拟公司投放广告时系统提示说现金不足，无法投放广告，原因就是忘记除了广告费用以外，还要扣减税费、长期贷款利息和到期长期贷款。

五、参加订货会订单的选择

(一)灵活调整产能

在进入选择订单环节之前，需要先计算好企业的产能，包括每个季度可以产多少个产品，有多少个产品是可以通过转产来实现灵活调整的。在对自己公司产能情况了如指掌后，通过分析市场预测，大概确定出准备在某个市场出售多少个产品，同时决定相应的广告费。

在所有模拟公司的广告投放完之后，可以通过短暂的一两分钟时间快速地分析出自己公司在各个市场选单的次序。这时需要对比分析原来设计的产品投放安排，根据各个市场选单排名及时作出调整，以保证自己公司可以顺利地实现最大化的销售。

(二)大需求量与小需求量订单的选择

同学们经常会遇到一个纠结的问题：大需求量的单子单价比较低，接了这样的单子利润比较薄，有些不甘心；单价高、利润大的单子，又往往是一些数量小的单子，接了这样的单子又怕不能把产品都卖完，造成库存积压。到底是应该选单价高的产品还是选数量大的产品？面对这样两难的问题，只能根据赛场上的具体情况灵活应对。

在初期各模拟公司的产能都比较大，由于前期发展的需要，建议以尽可能多的销售产品为目标。在后期，由于市场和产品的多样化，以及部分公司的破产倒闭，有可能导致市场竞争反而放宽。在这样的情况下，有时只要投 1 万元就有可能"捡到"一次选单机会，这时"卖完"已经不是公司最重要的任务，更多的应该考虑怎么将产品"卖好"。如果可以合理地精选单价高的订单，很有可能造成几百万元甚至更多的毛利差距。

【任务思考】

1. 思考"零库存"与百变库存的关系。
2. 如何处理产能与订单选择的关系？
3. 灵活应变能力反映企业对市场的适应性，你的企业团队具备应变能力了吗？

【任务评价】

本学习任务的评价清单如表 4-7 所示。

表 4-7 梳理日常经营策略任务评价

学习任务	梳理日常经营策略		
学习目标	能够灵活运用模拟经营规则，顺利完成模拟经营并取得好的经济效益		
学习结果描述	1.分享你公司在模拟对抗经营过程中的日常经营策略的经验与教训。 2.你对库存管理有什么独特的想法？ 3.思政元素：应变能力是解决问题的关键，如何培养自己的应变能力呢？谈谈当前国际形势下，应变能力对国家的重要性。		
学习反思			
学习评价	自评：	互评：	教师评价：

学习任务 4-4　优化融资策略

【接任务单】

本学习任务的任务清单如表 4-8 所示。

表 4-8　优化融资策略任务单

学习任务	优化融资策略
职业能力	能够根据经营规则，合理利用融资方式，发挥财务杠杆正效应，充分利用债务资金，迅速确立大规模产能，为迅速占领市场、扩大市场份额提供基础保证
学习目标	深刻理解每种融资方式的特点，做到灵活、合理利用，保证企业的健康发展
获得信息方式	1.教师提供；2.互联网查询；3.学生交流
学习内容	1.滚动短期贷款，以贷养贷； 2.分期长期贷款； 3.主动贴现策略
思政元素	融资策略优化的目的是以最低的融资成本，获取企业需要的资金，这就是成本意识。成本意识就是节约成本与控制成本的观念，可以有效地将成本控制在一定范围内，从而达到企业或个人利益最大化。成本的含义是广泛的，不仅是会计成本，还有决策相关成本。树立成本意识，可以更好地经营企业或者经营人生
学习方式	教师引导，师生共同讨论，以交流的形式完成学习

【优化指导】

融资策略不仅直接关系到公司的财务费用多少，更重要的是直接影响着公司的资金流。很多初学者由于没有合理安排好长、短期贷款的融资策略，结果要么被高额的财务费用吃掉了大部分利润，要么因为还不起到期的贷款而导致现金断流、公司破产。

在分析融资策略之前，必须明确贷款的目的是为了赚钱。通俗地说就是利用借来的钱赚比所要支付的利息多的钱。这种情况下只要允许，借的越多就意味着赚得越多；相反如果赚的钱还不够支付利息，那么借的越多就亏得越多。这就是财务管理中财务杠杆效用，因此可以分析出，不贷款绝不是经营公司最好的策略。

那么什么样的贷款融资策略才是合理的呢？教科书上说，长期贷款用来做长期投资，比如新建厂房和生产线、市场产品的研发投资等；短期贷款用来做短期周转，比如原材料采购、产品加工费用等。这样自然是最稳妥的方法，但是在高水平的 ERP 沙盘模拟经营对抗中，如果仅仅采用这样保守的方案，不一定能够获得最大的收益。

一、滚动短期贷款，以贷养贷

在 ERP 沙盘模拟经营对抗中，由于规则规定的长期贷款利率通常比短期贷款利率高，因此，尽量多地使用短期贷款的方式来筹集资金，可以有效地减少财务费用。在短期贷款的具体操作上，比如在第 1 年不申请长期贷款，根据资金流在第二季度、第三季度、第四季度分别申请短期贷款 20 万元；第二年的年初可以少贷长期贷款，只要可以保证公司的权益不下降，那么次年在偿还第 2 季度到期的 20 万元的短期贷款后，立即又可以申请 20 万元的短期贷款，用来保证第 3 季度到期的 20 万元短期贷款还款，如此反复，类似一个滚雪球的过程，只要公司的权益不降，就可以保证贷款额度不减少，从而保障以贷养贷策略的顺利循环。

当然这是风险相当高的一种贷款模式，因为稍有不慎，出现经营失误，或者由于预算不准，导致权益下降，那么紧接着贷款额度的下降导致公司还了贷款后无法用新的贷款来弥补资金链上的空缺，就会重新现金断流而破产的局面。

二、分期长期贷款策略

如果前期大量使用长期贷款，也会导致财务费用过高，从而大量侵蚀了公司的利润空间，使得公司发展缓慢。也有的模拟公司开始经营初期就贷满长期贷款，结果到了第 6 年要还款的时候，无法一次性筹集大量的现金，导致现金断流而破产。

但这并不是说全部长期贷款策略就一定失败。如果可以充分利用长期贷款偿还本金压力小的特点，前期可以用大量资金扩充产能、控制市场和产品，那么凭借前期超大产能和对市场的绝对控制权，可以打造出不俗的利润空间。

为减少财务费用，也可以采用分期长期贷款，即分别在每年借入一部分长期贷款，借款期限可以短于五年，用于控制长期贷款的规模，同时控制长期贷款的数额，这种利用削峰平谷的分期长期贷款的方式(比如一部分在第四年还款，一部分到第五年还款)，也可以达到意想不到的效果。

因此公司整体战略决策加上精准财务预算，是决定长短期贷款比例的最重要因素。只要合理地调节好长短期贷款比例，把每一分钱都投入到最需要的地方，让它变成盈利的工具，就可以让借来的钱创造出更多的利润。

三、主动贴现策略

关于贴现，很多人认为贴现是增加财务费用的罪魁祸首，只有在资金周转不灵的时候，才会无可奈何地选择贴现，因此对贴现都抱着"能不贴就不贴"的态度。

不贴现就是最好的策略吗？其实未必，与贷款相似，贴现只是一种融资方式。

贴现可以分以下两种情况。

一种是在现金流遇到困难时，迫不得已去将应收款或者厂房做贴现处理，如果不贴现，很可能就会出现资金断流的后果。这样的贴现是被动的，是被逼无奈的。

另外一种贴现行为是主动的，比如在市场订单宽松而资金不足的情况下，主动贴现以换取资金用于投入生产线的建设和产品的研发，从而达到扩大公司产能、迅速占领市场、提高市场份额的效果。这两种贴现的处境是完全不一样的，产生的效果也完全不同。

在被动贴现的情况下，由于一直处于以贴还债的状态：这个季度的现金不够了，就将下一个季度应收款贴现了；虽然这个季度过去了，可是下一个季度又出现了财务危机需要再次贴现。因此如果在贴现之前没有认真比较几种贴现方式，很有可能陷入连环贴现的怪圈之中。

而主动贴现则不同，主动贴现来的钱，往往都是用于扩大公司生产规模和市场份额。追求财务边际效益最大化，把钱使在刀刃上。结合之前分析贷款中所说的，贴息和利息一样都属于财务费用。如果从资产回报率的角度来看，会发现只要合理地运用贴现出来的现金，将其转换成更好的盈利工具，创造出比财务费用更高的利润，此时贴现就是有价值的。

【任务思考】

1. 贷款利息是企业的用资成本还是筹资成本？
2. 企业利润越多贷款的可能性就越小吗？
3. 谈谈节约成本对企业利润的影响。
4. 除了会计成本外还有哪些成本呢？请举例说明。
5. 谈谈人生成本和成本意识对人生的影响。

【任务评价】

本学习任务的评价清单如表 4-9 所示。

表 4-9　优化融资策略任务评价

学习任务	优化融资策略
学习目标	深刻理解每种融资方式的特点，做到灵活、合理地利用，制定最优的融资策略，保证企业的健康发展
学习结果描述	1.利用短期贷款的优点与风险是什么？ 2.如何利用长期贷款有利于企业？ 3.贴现是不得已才采取的融资方式吗？ 4.思政元素：谈谈对成本意识的理解以及成本意识对充分利用社会资源的意义。
学习反思	
学习评价	自评：　　　　　　　互评：　　　　　　　教师评价：

【小结】

本模块的学习任务包括对新年度规划会议的深化、建设投资技巧的提炼、日常经营策略的梳理和融资策略的优化四部分。目的在于通过本模块的深入学习,能够帮助学生在ERP沙盘模拟经营中,深刻理解和认真对待新年度规划会议,合理规划企业的投资规模和生产线类型,在日常经营过程中能够灵活地运用经营规则,制订最有利于企业的库存政策、选择最优的订单,达到销售最大化,制定正杠杆效应的融资策略,为企业谋取最大的收益。

【学习随笔】

第_____周　　　　周_____

模块五 ERP 沙盘模拟经营理论提升

【内容导学】

ERP 沙盘模拟经营是将企业搬进课堂，在实战对抗中模拟企业的经营。在经营过程中，用了大量的企业管理理论，比如战略管理、预算管理、现金管理、计划管理等。本模块有针对性地对企业经营的本质、现金管理和生产计划管理在理论上做了归纳，以使学生能够在实战对抗后做到由感性到理性的认知，由实践到理论上的提升，也为其他课程的学习打下良好的理论基础。

【思维导图】

本模块的学习任务如图 5-1 所示。

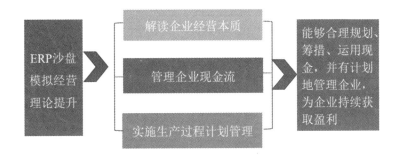

图 5-1　ERP 沙盘模拟经营理论提升学习思维导图

【微课视频】

扫一扫，获取本模块相关微课视频。

5-1　解读企业经营本质　　　　5-2　管理企业现金流　　　　5-3　实施生产计划管理

学习任务 5-1　解读企业经营本质

【接任务单】

本学习任务的任务清单如表 5-1 所示。

表 5-1　解读企业经营本质学习任务单

学习任务	解读企业经营本质
职业能力	能够根据企业经营目标，合理规划、运用、筹措资金，在扩大销售、节约成本的基础上，实现股东权益最大化
学习目标	明确企业目标，理解企业经营本质，掌握扩大利润的途径
获得信息方式	1.教师提供；2.互联网查询；3.学生交流
学习内容	1.确定企业经营目标； 2.解读企业经营本质； 3.掌握增加利润的途径
思政元素	虽然企业经营的本质是股东权益最大化，而保证股东权益最大化的重要途径就是增加企业利润，但是利润形成的途径有多种，我们需要树立正确的利润观，按照命运共同体的理念，处理好企业的财务关系，包括与自然、与社区、与客户、与债权债务人、与投资人与受资人、与消费者、与政府等关系，不能以损害相关利益主体的利益来获取利润
学习方式	教师引导，师生共同讨论，以交流的形式完成学习

【学习指导】

一、确定企业经营目标

　　企业经营目标，是在一定时期企业生产经营活动预期要达到的成果，是企业生产经营活动目的性的反映与体现。企业是以盈利为目的的经济组织。企业要想取得盈利，最起码的条件是先求得生存，而求得生存的最好办法是使企业不断发展。在生存、发展的前提下，企业才能取得稳定增长的利润。因此，企业的目标可概括为：生存、发展和盈利。

(一)生存

　　企业在经营过程始终面临着激烈的市场竞争，破产和倒闭的危险随时考验着企业。在这样一种环境下，学会生存是企业最基本的要求。威胁企业生存的原因主要来自以下两个方面。

　　(1) 长期亏损——这是企业终止的内在原因。

　　(2) 资金短缺，无法清偿到期债务——这往往是企业终止的直接原因。

任何一个企业,其收入都应大于其支出;如果相反企业必然出现亏损。一个长期亏损的企业,其投资人投入的资本就会逐渐被蚀空,企业就会失去经营的基础,也失去了存在的意义。

负债经营是现代经济的重要特征之一。当企业资金周转顺利时,债务可以如期偿还,举借新债也比较容易。如果资金周转失灵,到期的债务无法偿还,举借新债也比较困难。即使盈利的企业,如果陷入这种"支付不能"的状态,也会使经营活动中断;而"资不抵债"的企业,其债权人就会诉诸法律,企业将被迫宣布倒闭。

保持以收抵支和偿还债务的能力,是企业实现生存目标的基本要求。

(二)发展

在科技进步日益加快,市场需求变化频繁,产品不断更新换代的市场的变化,在竞争中获得优势,保证企业的生存。企业只有在不断地发展中才能求得生存。

企业的发展要求不断更新设备,不断提高技术工艺水平,不断提高各种人员的素质,提高经营管理水平。说到底,就是要不断地投入更多的经济资源,使企业规模、产品质量、管理水平等在原有基础更上一个台阶。而企业的发展,离不开追加必要的资金。因此,企业只有不断地筹措增量资金(包括内部资金与外部资金),才能满足企业发展目标的要求。

(三)盈利

盈利是企业的最终目标。它不但体现了企业的出发点和归宿,更为企业生存和发展目标奠定了扎实的基础。

市场经济没有"免费使用"的资金。从财务管理的角度看,企业的所有资金,都有其成本,每项资产都是一种投资。在企业经营全过程中,资金从始至终都应该是"生产性"的;盈利就是用投资收入扣抵投资成本而获得的报酬。企业必须加强各项资产的管理,如避免存货的积压,充分发挥固定资产的效用,减少应收款的呆账和坏账损失,善于运用闲置的货币资金等。

二、解读企业经营本质

企业经营是利用一定的经济资源,通过向社会提供产品和服务,获取盈利,最终实现股东权益最大化。作为经营者,要牢牢记住这句话,这是一切行动的指南!

(一)形成股东权益的过程

企业经营的本质可以用图5-2来描绘。

企业的资本的构成有两个来源:一是负债,包括长期负债和短期负债;二是权益,包括股东资本和企业经营积累的资本。股东资本是指公司创建之初时,所有股东的集资;企业积累的资本部分是未分配利润。

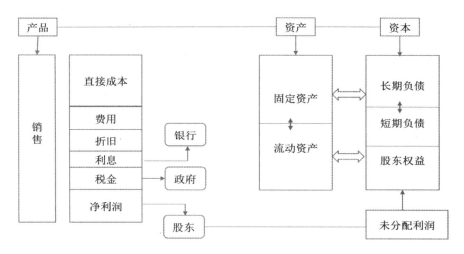

图 5-2 企业经营的本质

在公司筹集了资本之后,进行采购厂房和设备、引进生产线、购买原材料、生产加工产品等活动,余下的资本就是公司的流动资金了。实际上公司的资产就是资本转化过来的,而且是等值地转化。通俗地讲,资产就是公司的"钱"都花在哪儿,资本就是这"钱"是属于谁的,两者从价值上讲必然是相等的,即资产负债表一定是平的。

公司在经营中产生的利润当然归股东所有,如果股东不分配而将其投入到公司下一年的经营中,就形成未分配利润,自然这可以看成是股东的投资,成为其权益的重要组成部分。

公司经营的目的是股东权益最大化,扩大权益的主要来源是增加净利润。净利润来自何处?只有一个——销售。但销售额不全是利润。

第一,销售额需要补偿直接成本,包括采购原材料、支付工人工资,还有其他生产加工时必需的费用。

第二,抵扣企业为形成这些销售支付的各种费用,包括产品研发费用、广告投入费用、市场开拓费用、设备维修费用、管理费等。

第三,机器设备在生产运作后会贬值,这属于资产"缩水",这部分损失也需要从销售额中得到补偿,这就是折旧。

经过三个方面的抵扣之后,剩下的部分形成支付利息前利润,归三方所有。首先,公司的运营,离不开国家的"投入",比如道路、环境、安全等,所以有一部分归国家,即税收。其次,支付给银行的利息即财务费用。最后,剩余的净利润,才是股东的。

(二)增加利润的途径

增加利润有两个主要途径,即扩大销售(开源)和控制成本(节流)。

1. 扩大销售

通过扩大销售收入来提高利润,如图 5-3 所示。而销售收入由销售数量和销售单价两个因素决定。

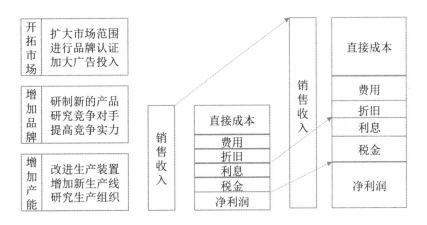

图 5-3　开源——努力扩大销售

(1) 提高销售数量的措施有以下几种。

① 市场可开发，包括开拓新的市场和扩张现有市场。

② 研发新的产品和改进产品功能。

③ 提高产品生产能力，包括扩建或改造生产设施。

④ 提升品牌价值，通过合理地加大广告投放力度，进行品牌宣传。

(2) 提高产品单价。产品单价受很多因素的制约，但是可以通过提高产品性能、提升品牌价值、增加公司的竞争实力，来提高产品的单价。企业也可以选择单价高的产品进行生产与销售。

2．控制成本

产品成本分直接成本和间接成本，如图 5-4 所示。直接成本就是产品的原料费用、人工费用和生产组织过程中发生的费用；间接成本则投资厂房、生产线的费用，营销费用和筹资费用等。

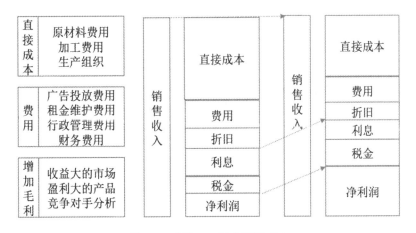

图 5-4　节流——尽力降低成本

(1) 选择毛利大的市场。在直接成本一定的前提下,通过对竞争对手和市场的分析,选择毛利大的产品和在毛利大的市场进行销售。

(2) 科学地进行原材料管理。通过原材料采购、库存管理来降低原材料成本。

(3) 减少人工成本。通过科学的人力资源管理和生产组织,提高生产效率和工作效率,达到降低人工成本的目的。

(4) 通过科学的债务资金策略,降低利息费用;通过合理的广告投放策略等来降低间接费用。

企业在经营过程中需要采取积极的经营策略,既要扩大销售,同时又要控制成本,如此才能保证企业持续地发展与盈利,资本才能持续保值增值,股东的权益才能得到保障。

(三)衡量盈利的指标

企业经营的命根子是盈利,那如何衡量经营的好坏呢?有两个最关键的指标:总资产收益率与净资产收益率或权益收益率。

总资产收益率=净利润÷总资产×100%

净资产收益率=净利润÷所有者权益×100%

总资产收益率越高,反映企业的经营能力越强,也就是企业1元钱的资产能获利多少。但公司的资产并不都是属于股东的,股东最关心的是他的真正收益。净资产收益率反映的是股东1元钱的投资能收益多少,当然是越高越好。

两者之间的关系如何呢?

$$净资产收益率 = \frac{净利润}{所有者权益} = \frac{净利润}{总资产} \times \frac{总资产}{所有者权益} = 总资产收益率 \times \frac{1}{1-资产负债率}$$

总资产收益率一定,资产负债率越高,净资产收益率就越高,表明企业在"借钱生钱",用"别人"的钱为股东赚钱,这就是财务杠杆效应;资产负债率不变,总资产收益率越高,净资产收益率也越高,表明公司的经营能力越强,给股东带来更大回报,这就是经营杠杆效应。

如果资产负债率过高,企业财务风险很大。欠着别人大笔的钱时,主动权不在经营者手里,一旦环境有变数,那么财务风险会很大。如果负债到期却无力偿还,企业的现金断流,导致企业将无法正常经营而破产。当然资产负债率如果大于1,就是资不抵债,理论上讲企业就破产了。

【任务思考】

1. 思考什么情况下可以更好地发挥财务杠杆效应?
2. 企业在追求利润的过程中,是否应该以"利润最大化"为追求目标?
3. 请解释正确的利润观。
4. 作为个人应树立什么样的财富观?

【任务评价】

本学习任务的评价清单如表 5-2 所示。

表 5-2　解读企业经营本质任务评价

学习任务	解读企业经营本质		
学习目标	明确企业目标,理解企业经营本质,掌握扩大利润的途径。能够通过各种措施扩大销售、控制成本,以持续获取盈利		
学习结果描述	1.谈谈你对企业经营本质的理解。 2.如何增加企业的利润? 3.思政元素:企业追求股东权益最大化,那么在职业生涯中如何追求个人财富的增长?		
学习反思			
学习评价	自评:	互评:	教师评价:

学习任务 5-2　管理企业现金流

【接任务单】

本学习任务的任务清单如表 5-3 所示。

表 5-3　管理企业现金流学习任务单

学习任务	管理企业现金流
职业能力	能够根据企业经营目标，合理地规划、运用、筹措现金，为企业的持续稳定发展提供"血液"，保证企业的持续发展盈利
学习目标	掌握现金流管理的内容与方法，加强现金管理，以持续获取盈利
获得信息方式	1.教师提供；2.互联网查询；3.学生交流
学习内容	1.分类企业的现金流； 2.如何编制预算； 3.编制现金预算表
思政元素	现金流管理与编制经营流程表有异曲同工之处，都是为了保证企业有足够的资金保证企业经营的正常运转，有防范风险、持续经营理念，体现了责任意识。直接说就是防止企业破产，如果企业现金流断了，企业就直接破产，所以还要有一种忧患意识，必须增强忧患意识、坚持底线思维，随时准备应对更加复杂困难的局面
学习方式	教师引导，师生共同讨论、交流完成学习

【学习指导】

现金流是企业持续不断运转必要的血液。现金不足会导致企业破产，所以现金管理是保证企业持续发展盈利的重要内容。现金流管理的目标，就是让企业有钱用，资金不断流。企业通过做好短期的资金收支预测，做好企业的外部投融资安排、内部间的资金调动，从而保障企业有足够的资金使用。要做好这项工作，就需要对企业的现金流做到预测准确、安排合理。

一、分类企业的现金流

(一)解读企业内部资金循环

企业经营以现金开始，过程中转化为不同形态的资产，并最终以现金结束一个完整的经营周期。企业内外部资金循环图如图 5-5 所示。

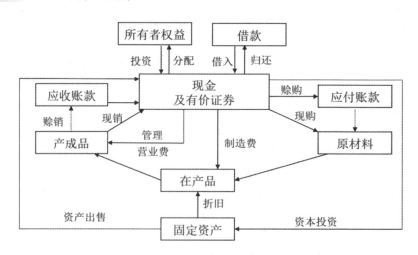

图 5-5 企业内外部资金循环图

企业内资金流动如下。

(1) 股东出资形成现金。
(2) 如现金不足,可从银行借款,企业现金增加。
(3) 企业使用现金采购机器设备等固定资产。
(4) 企业使用现金采购原材料,如赊购则形成应付账款。
(5) 企业支付工人工资进行生产,原材料转化为在产品和产成品。
(6) 产成品用于销售,回笼现金,如赊销则形成应收账款。
(7) 企业支付借款本息,如有盈余,可用于支付股息。
(8) 如果企业回笼的现金大于支付的现金,并不断滚动,则企业形成盈利。

(二)归纳现金流类别

现金流是指企业在一定会计期间按照现金收付实现制,通过一定的经济活动而产生的现金流入、现金流出及其差量的总称。

如图 5-5 所示,全面的现金流管理,不仅是管理企业的库存现金,还包括企业经营过程中不同性质的现金流动。比如与经营相关的采购、货款回收等,与资产采购相当的现金流,与筹资相关的现金流。因此现金流也分以下三类。

1. 经营活动现金流量

经营活动现金流量主要包括销售商品、提供劳务收到的现金,税收返还,其他与经营活动有关的现金,购买商品、接受劳务支付的现金,支付给职工以及为职工支付的现金,支付的各项税费,及其他与经营活动有关的现金。

2. 投资活动现金流量

投资活动现金流量包括收回投资收到的现金,取得投资收益收到的现金,处置固定资产、无形资产和其他长期资产收回的现金净额,处置子公司及其他营业单位收到的现金净额，收到其他与投资活动有关的现金，购建固定资产、无形资产和其他长期资产支付的现金，投资支付的现金，取得子公司及其他营业单位支付的现金净额，支付其他与投资活动有关的现金等。

3. 筹资活动现金流量

筹资活动的现金流量包括吸收投资收到的现金，取得借款收到的现金，收到其他与筹资活动有关的现金，偿还债务支付的现金，分配股利、利润或偿付利息支付的现金，支付其他与筹资活动有关的现金。

现金流管理是指以现金流量作为管理的重心，兼顾收益，围绕企业经营活动、投资活动和筹资活动而构筑的管理体系，是对当前或未来一定时期内的现金流动在数量和时间安排方面所做的预测与计划、执行与控制。

企业长期生存的基础是能够获得利润，但企业出现经营困难或破产的直接原因来自于不能偿还到期债务。良好的现金流管理能够增强企业抵御风险的能力，同时也能为未来发展提供资金保证。现金净流量的大小反映了企业自我积累能力的高低，决定了企业的发展潜力。加强现金流量管理，保证企业现金流的顺畅，更有利于企业的可持续发展。

二、编制现金预算表——现金流管理的工具

编制现金预算表实际上是预算的一项内容。企业要保证经营过程的健康现金流，必须根据企业经营战略做好预算工作，而预算工作的核心内容就是现金预算。要编制现金预算表，需要明确如何来编制预算，或者编制预算的思路是什么。

(一)如何编制预算

预算是基于目标的资源配置和过程控制。预算管理在预算编制阶段，通过资源配置，驱动大家想方设法找出合理有效的行动方案，保障目标可以实现。预算管理在预算执行阶段，通过过程控制，结合环境变化适时地调整预算，保障预算方案执行到位。

编制预算的基本思路是在目标的指导下，找出实现目标的方法即行动方案(业务路径)，再给业务配置资源即预算，如图5-6所示。

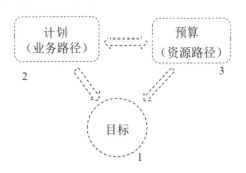

图5-6 目标、计划与预算的关系

1. 确定目标

确定目标，就是确定要做什么事。企业先确定整体目标(主要是收入目标和利润目标)，然后职能部门将企业目标分解为部门目标。企业目标和部门目标统称为组织目标。没有目标，不需要做预算，也不能做预算。

2. 寻找方法

寻找方法，即如何做事。我们把计划定位成行动方案，也叫业务路径，因为计划直接对应的就是业务活动、业务行为，表现为如何开展业务、推进业务。有了目标，接下来至关重要的就是能不能脑洞大开，想方设法地找到合理有效的方法、措施来确保目标的实现。

3. 匹配资源

匹配资源，即如何花钱。要开展业务，做具体的事情，就会有花钱的问题。花钱就是我们所说的预算，即资源路径。所以在有行动方案(业务路径)之前不要做预算，否则预算就是无本之木、无源之水，预算就是数字游戏！

花钱原则：以最小投入追求最大产出，即投入产出效率最大化。这是有限资源观念所决定的，也是预算管理机制的目的所在。行动方案是不是真正合理有效，是需要通过如何花钱来论证的，资源路径合理，业务路径就合理，资源配置就得以优化。

计划管理是围绕目标把行动方案找出来，至于怎么花钱，花钱合不合理，它不管。预算管理除了找出行动方案外，还要考虑怎么合理花钱。需要找出合理有效的业务路径和资源路径，目的就是确保目标能够实现，即"两条路径保障"。预算管理就是目标—路径式思维。ERP 沙盘模拟经营对抗的经营流程表就是目标—路径式思维，充分体现了预算管理的思想。

(二)编制现金预算表

编制现金预算表是科学管理现金的关键。编制现金预算表就是在目标指导下，先确定业务路径，再配备资源(现金)。实际上我们实战对抗的经营流程表就是一个根据业务需要配备现金资源的现金预算表。

现金预算表的格式不同，但是内容基本相同，主要包括预算期内的现金收入、现金支出和现金出现盈缺之后的现金筹运三个方面。将 ERP 沙盘模拟经营规划与流程表进行调整，形成了如表 5-4 所示的现金预算表。

表 5-4 ERP 沙盘模拟经营现金预算表

单位：万元

项　目	一季度	二季度	三季度	四季度
期初库存现金				
贴现收入				

续表

项　目	一季度	二季度	三季度	四季度
收到应收账款				
现金收入合计				
支付上年应缴税(年初)				
市场广告投入(年初)				
长期贷款还本付息(年初)				
短期贷款还本付息				
原材料采购支付现金				
厂房租金开支				
生产线(新建、在建、转、卖)				
工人工资(下一批生产)				
产品研发				
支付管理费				
市场及ISO开发(第4季度)				
设备维护费用				
违约罚款				
其他				
现金支出合计				
库存现金余缺(收入-支出)				
现金筹运(投资与筹资)				

现金预算表的内容包括四个部分。

1. 现金收入

现金收入主要是指通过销售获得的客户回款。如企业不存在赊销情况，则所有的销售收入都可计入回款。在多数情况下企业都会存在一定的回款账期，则销售收入与现金回款不相等。需要根据企业应收账款的周转期，来预测能够得到的现金回款。两者之间的关系如下。

当期现金回款=期初应收账款+当期销售收入(1+增值税税率)-期末应收账款

现金不足时，可以结合应收账款情况贴现应收账款来增加现金。

2. 现金支出

企业的现金支出包括经营性现金支出和资本投资现金支出。经营性现金支出包括原材料采购、支付工资和其他费用。资本投资现金支出主要是固定资产购置。

3. 现金盈余与缺口

企业期初现金加上当期现金收入，再减去现金支出，则可以得到融资前全年的现金盈余或缺口。实际中企业经营需要设定一定的铺底资金存量,这个盈余或缺口并不一定就是企业经营真正的资金盈余或缺口。所以,计算出企业各季或各月的资金余额,再减去企业最低资金存量要求,才是企业经营真实的资金盈余或缺口。如 5 月底预测企业资金余额为 2 000 万元,为保持企业经营安全,企业资金管理政策要求企业最低资金存量为 5 000 万元,则资金缺口为 3 000 万元。

4. 投资与融资方案

根据企业的资金盈余或现金缺口,资金预算人员需预先制定相应的投资与融资方案,以保证企业现金存量水平在合理的范围内,并据此与银行等金融机构进行预沟通,确定在此期间有足够的融资额度可以使用。

通过编制现金预算可以达到如下目的:①反映业务活动状况,以便在存货及应收账款方面灵活安排;②反映到期债务的本金、应缴税金、应分派的股利与红利的全额与时间,预先准备好现金;③适合企业发展的需要,及时安排购买固定资产等所需要的现金;④反映现金余缺情况,确定短期投资或融资的方式、数量及时间,协调企业各部门间的现金余缺,调剂使用现金;⑤把握筹资时机等。

【任务思考】

1. 思考现金预算表与规划经营流程表之间的关系。
2. 思考现金预算表与预算管理的关系。
3. 忧患意识强调"生于忧患而死于安逸",谈谈你对忧患意识、底线思维的理解。

【任务评价】

本学习任务的评价清单如表 5-5 所示。

表 5-5　管理企业现金流任务评价

学习任务	管理企业现金流		
学习目标	掌握现金流管理的内容与方法，加强现金管理，以持续获取盈利		
学习结果描述	1.解读企业内部资金循环。 2.简述现金流管理的内容。 3.描述现金管理的工具。 4.思政元素：阅读《习近平谈增强忧患意识》。		
学习反思			
学习评价	自评：	互评：	教师评价：

学习任务 5-3　实施生产过程的计划管理

【接任务单】

本学习任务的任务清单如表 5-6 所示。

表 5-6　实施生产过程的计划管理学习任务单

学习任务	实施生产过程的计划管理
职业能力	能够根据市场需求，制订生产计划和物料供应计划，以最少的资金占用、最低的成本付出，取得最大的效用
学习目标	理解综合生产计划、主生产计划、物料需求计划、生产能力之间的联系，很好地理解并掌握 ERP 的思想，确立利益共同体的观念
获得信息方式	1.教师提供；2.互联网查询；3.学生交流
学习内容	1.制造资源计划； 2.企业资源计划； 3.适时生产方式
思政元素	本学习任务的内容主要讲了在生产经营过程中，各环节的相互配合，配合的模式与方式在不同的阶段是不同的，是随着环境的变化在不断更新与完善，最终目的是在快速满足市场需求的前提下，企业以更高的效率与优势成本获取最大利益。这个过程充分体现了技术、管理和思想的创新
学习方式	教师引导，师生共同讨论，以交流形式完成学习

【学习指导】

在 ERP 沙盘模拟经营中，生产产能和原材料供应是企业销售的保证，而且生产过程是一个系统，一个环节出了问题就会影响企业全局，所以生产过程的计划管理非常重要。

制订生产计划就是在企业整体的经营战略与经营计划的指导下，根据市场需求预测和用户订单对生产任务作出总体安排，主要是确定企业在计划期内生产的产品品种、产出效率、产出时间、劳动力和设备的配置、产品或零部件、半成品的库存等，并要将这些生产任务层层分解，落实到各个工厂、车间、班组，以确保总体生产任务的完成。

一、制造资源计划

制造业企业的生产计划一般由综合生产计划(年度生产计划、年度生产大纲)、生产计划(生产进度安排计划)和物料需求计划(原材料、零部件生产采购计划)这三个不同层次的计划构成。它们之间的相互关系及制约因素如图5-14所示。

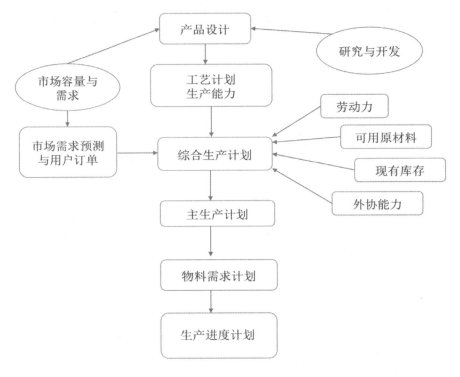

图 5-7 生产计划的构成及制约因素

(一)生产计划

1. 综合生产计划

综合生产计划(Production Planning),也称年度生产计划或年度生产大纲,是根据市场需求预测、用户订单和企业生产能力,对企业在未来较长时间内(通常为一年)所要生产的产品品种、数量、库存和所需劳动力等做出的结构性决策,以平衡企业总体的生产能力、资金需求、销售任务、生产技术准备、总体物资及配套供应等,起到总体协调企业年度经营任务务的作用。有些产品生产周期较长,如大型船舶、重型机床等,其计划期可能是两年或者更长。某企业的综合生产计划如表5-7所示。

表 5-7 某企业综合生产计划

产品系列	1 季度	2 季度	3 季度	4 季度
A 系列产品/台	7 500	7 500	10 000	15 000
B 系列产品/台	10 000	12 500	12 500	17 500
总工时/小时	45 000	52 500	57 500	82 500

相对于主生产计划、物料需求计划等具体的执行性计划来说,综合生产计划是一种概括性的、决策性的计划,因此,它进行生产任务总量安排时,对产品、时间和人员等计划

对象采取以下方式处理。

(1) 产品。按照产品特点、需求特点、加工特点、所需人员和设备的近似性等，将产品综合为几个系列，以产品系列为对象来制订综合生产计划。

(2) 时间。在计划期内，使用的计划时间单位是月、双月或者季度。

(3) 人员。确定全年生产任务时，必须考虑人力安排。现有人员的工种、技能水平是否符合生产任务的需要，人员数量与生产任务的变动是否适应，据此确定人员安排，决定是否采取雇用临时工、招聘新人员、与外单位协作等不同的办法来保证生产任务的完成。

2. 主生产计划

主生产计划(Master Production Schedule，MPS)，是将综合生产计划规定的产品系列或大类转换成特定的产品或特定部件的计划，将全年生产任务按照每一种具体的产品品种分配到周或月。简单地说，MPS 就是对综合生产计划的细化，据此可以制订物料需求计划、生产进度计划与能力需求计划。因此，MPS 在制造资源计划(MRPⅡ)系统中起交叉枢纽的作用。

MPS 的作用是协调各部门的活动，驱动其他计划，调和客户需求和工厂能力，提供可靠的订单交货期限。MPS 的计划对象一般是最终产品，即销售产品。

MPS 要明确两点：具体化后的"最终产品"；产品交货期与产出期。

表 5-8 就是根据表 5-7 综合生产计划所编制的主生产计划。

表 5-8　某企业第一季度 A 系列产品主生产计划

单位：台

周次	1月				2月				3月			
	1	2	3	4	5	6	7	8	9	10	11	12
A1		325		275		365		365		445		445
A2	275	275	275	275	350	350	350	350	425	425	425	425
A3	150		150		185		185		205		205	
合计	2 000				2 500				3 000			

3. 物料需求计划

物料需求计划(Material Requirement Planning，MRP)，也称物料生产采购计划，它是根据总生产进度计划中规定的最终产品的交货期，编制所有构成最终产品的装配件、部件、零件的生产进度计划，确定内部各生产部门进行加工生产的数量和时间，安排外购各种零部件的数量和时间，使产品所需的原材料、零件部件及其他资源能等得到及时的补充。

编制物料需求计划，涉及数量庞大、多种多样的原材料、零部件和其他资源，需要一种以计算机为手段的生产计划与控制管理系统来处理。20 世纪 60 年代，由美国生产与库存管理协会倡导创立的 MRP 系统应运而生。到了 20 世纪 70 年代，随着 MRP 系统的推广，其内容和技术不断完善。MRP 系统编制和运行生产计划的依据，主要包括三个组成部分。

(1) 主生产计划(MPS),即产品生产计划,这是 MRP 展开的依据。

(2) 物料清单(Bill of Material,BOM),也称为产品结构文件。它既是生产某种最终产品所需各种零部件、材料或辅助材料的目录,又说明了产品制造过程的各个工艺加工阶段。BOM 在物料分解与产品计划过程中占有重要地位,是 MRP 的控制文件,是 MPR 系统中最基础的数据。

(3) 库存状态文件(Inventory Status Record,ISR),也称库存记录。它记录着每一种物料的现有库存量和计划接收量的详细资料,包括现有的库存水平、在途库存、交纳周期、订货批量、安全库存、材料特性和用途、供应商资料等。

在 MRP 系统中,物料清单是相对稳定的,而库存状态文件却处于不断变动之中。

物料需求计划系统图如图 5-8 所示。

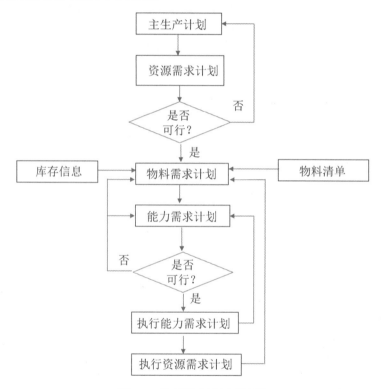

图 5-8 物料需求计划系统图

MRP 系统的应用,能够最大限度地降低在制品库存,及时反映出物料需求情况,合理安排加工时间,估算生产能力需求。它不仅适用于大批量生产,也可用于单件生产、多种小批量生产。

MRP 系统在应用中由简单到复杂、由低级向高级不断发展,到 20 世纪 80 年代初进一步扩展为制造资源计划(Manufacturing Resource Planning Ⅱ,MRPⅡ)系统。

(二)制造资源计划

制造资源计划(MRPⅡ),是在 MRP 的核心作用基础上,纵向联系了经营计划、销售计划,横向连接了生产进度情况、能力需求计划、现场实时反馈信息处理、成本核算与控制,以及支持资金流动计划等,构成一个由原料供应信息、产品需求信息、产品制造信息、产品销售信息和消费者反馈信息组成的封闭信息环,组成一个动态的、全面反映生产运营管理规律的集成优化系统。

因此,与 MRP 相比,MRP Ⅱ 可以更快地适应市场的变化,及时调整产品结构,并达到连续均衡生产,最大限度地降低各种物料的库存,消除生产过程中的无效劳动,提高企业整体经济效益水平的目的。

(1) 综合生产计划。

(2) 主生产计划。

(3) 物料需求计划。

(4) 生产进度计划(Operation Schedule,OS),是零件或部件级的作业进度计划,即按照约定的交货期、数量以倒排顺序的方式,为每个零部件制定投入期、产出期。

(5) 能力需求计划(Capacity Requirement Planning,CRP),是对计划的可行性进行验证,并对生产所需能力进行合理配置,其核心是寻求企业生产能力与任务的平衡方案,进行必要的调整,使得生产进度计划得到优化。

MRP Ⅱ 作为一个实时动态的生产计划和控制系统,需要动态运行,不断地调整更新。只要有订货,就可以产生一个 MRP Ⅱ 运行需求,并进行资源任务的协调、管理。对于品种多、批量小的生产系统,MRP Ⅱ 的应用更有价值。

二、企业资源计划

20 世纪 90 年代初,美国著名的 IT 分析公司加特纳集团公司,根据当时计算机信息处理技术的发展趋势和企业对供应链管理的需要,在制造业管理信息系统的基础上,提出了企业资源计划(Enterprise Resource Planning,ERP)这个概念。

ERP 是指建立在信息技术基础上,以供应链管理为核心,运用系统化的管理思想,从供应链范围来优化企业的资源和业务流程,为企业管理层提供决策运行手段的平台管理系统。ERP 系统集信息技术与先进管理思想于一身,它扩展了 MRP 的功能,反映了时代对企业合理调配资源,最大化地创造社会财富的要求,成为现代企业在信息时代广泛采用的管理模式。

与以前的管理方式相比较,ERP 最大的变化是将管理从单个企业内部扩展延伸到企业外部的整个供应链。

ERP 的核心思想就是实现对整个供应链和企业内部业务流程的有效管理,主要体现在以下三个方面。

(一)体现对整个供应链进行管理的思想

在知识经济时代,企业不能仅仅依靠自身的有限资源来参与市场竞争,必须将企业生产经营过程中涉及的供应商、分包商、销售代理、客户等纳入一个衔接紧密的供应链中,这样才能合理有效地安排企业的产供销活动,才能利用所有可能的市场资源进行高效的生产经营,以进一步提高生产运营效率并在市场上赢得竞争优势。简单地说,现代企业的竞争不是企业与企业之间的竞争,而是企业供应链与企业供应链之间的竞争。

(二)体现精益生产、同步工程和敏捷制造的思想

ERP具有超越MRPⅡ范围的集成功能,支持混合型生产方式的管理,其管理思想体现在以下几方面。

1. "精益生产"(Lean Production,LP)

按大批量生产方式组织生产时,纳入企业生产体系的客户、销售代理商、供应商以及协作单位,与企业的关系是一种利益共享的合作关系,而非简单的业务往来。基于这种合作关系,组成了企业的供应链。

2. "敏捷制造"(Agile Manufacturing,AM)

敏捷制造的目的可概括为:"将柔性生产技术,有技术、有知识的劳动力与能够促进企业内部和企业之间合作的灵活管理集成在一起,通过所建立的共同基础结构,对迅速改变的市场需求和市场实际做出快速响应。"

敏捷性是通过将技术、管理和人员三种资源集成为一个协调的、相互关联的系统来实现的。

(1) 具有高度柔性的生产设备是创建敏捷制造企业的必要条件(但不是充分条件)。

(2) 推出新产品最快的办法是利用不同公司的资源,使分布在不同公司内的人力资源和物资资源能随意互换,然后把它们综合成单一的靠电子手段联系的经营实体——虚拟公司,以完成特定的任务。

(3) 敏捷制造在人力资源上的基本思想是,在动态竞争的环境中,关键的因素是人员。柔性生产技术和柔性管理要使敏捷制造企业的人员能够实现他们自己提出的发明和合理化建议。

(三)体现事先计划和事中控制的思想

ERP计划体系,包括主生产计划、物料需求计划、能力计划、采购计划、销售执行计划、利润计划、财务预算和人力资源计划等,这些计划功能和价值控制功能已经完全集成到整个供应链中,从而保证了资金流与物流的同步记录和数据的一致性,改变了以往企业管理过程中资金流信息滞后于物流信息的状况,实现了事务处理进程中的控制与决策。

ERP是多种先进管理思想和管理方式的集合体。ERP的实施,既是企业管理思想管理手段的更新,也是管理模式和企业业务流程的重组;ERP的实施,往往伴随着一场以业务流程重组为主要内容的管理模式革命;ERP的实施,可能在大企业中实现组织结构的扁平化,即从塔形结构转向T形结构或菱形结构,大大地提高企业对外部环境变化的响应速度。

实施 ERP 是一项复杂、艰巨、耗资巨大的工程，涉及公司组织结构、业务流程乃至管理模式的变革等。

ERP 在继续发展和完善过程之中，还有不少问题需要研究解决。比如 ERP 还要结合全面质量管理，以保证质量和顾客满意度；结合适时生产方式(JIT)，以消除一切无效劳动和浪费，降低库存，缩短交货期。

三、适时生产方式

适时生产方式(Just In Time，JIT)，也称准时生产方式，是 20 世纪 70 年代初日本丰田汽车制造公司首先提出来的，目的是克服大量流水线生产的局限性，以便能够实行多品种、小批量生产，满足顾客对产品种类、型号和颜色的多样需求，并保证及时交货。

JIT 生产方式就是以"只在需要的时候，按照需要的数量，生产所需要的产品"为基本思想，依靠计算机管理手段，建立起来的能够灵活适应市场需求变化的生产系统。JIT 以"准时生产"为出发点，以"零库存、零缺陷、消除浪费"为追求目标。实践证明，JIT 生产方式是企业改善生产流程、降低生产成本、提高生产效率的有效管理模式。

JIT 实现的要求和条件有以下几点。

(一)看板管理，实行"拉式"生产方式

准时生产方式，以逆向"拉动式"方式控制着整个生产过程，即企业的生产要由顾客对产品的需求来启动，从生产终点的总装配线开始，依次由后一道工序从前一道工序"在必要的时刻领取必要数量的必要零部件"，而前一道工序则"在必要的时候时刻生产必要数量的必要零部件"，以补充后一道工序领走的零部件。这样，通过看板在各工序之间的周转，各相对独立的工序个体就联结为一个有机的整体。最后，整个企业以市场需要为目标，组织和实现了"准时化"生产。

实现拉动式物流的具体办法之一就是 JIT 强调的"看板管理"。"看板"具有发出生产指令的功能，是用来控制物流的一种工具。"看板"包括两种：①取料看板，标明后一道工序应领取的物料数量等信息；②生产看板，显示前一道工序应生产的物品数量等信息。

例如，上一道工序按照生产看板上的规定，把生产零件放入标准容器内。运输人员看到取料看板，则将标准容器从上一道工序运到下一道工序；下一道工序看到生产看板继续进行加工，空了的容器又传回到上一道工序，如此往复就实现了拉动式物流，真正做到按需生产。

准时生产方式的优点有：①库存最少，追求零库存；②提供 100%准时供货服务。

(二)均衡化生产

均衡化生产是看板管理和准时生产方式的重要基础。以多品种、小批量生产是均衡化生产的特征。均衡化生产要求的是生产数量的均衡和产品品种的均衡，即总装配线向前道

工序领取零部件时，要均匀地领取各种零部件，实行混流生产。

生产批量小量化，即每批产品的数量要尽可能减少，这样有利于减少库存、缩短生产周期，及早发现和消除质量隐患，保持均衡生产。

(三) 设备的快速转换调整

为了实现以"多品种、小批量"为特征的均衡化生产，就必须缩短生产前置期，为此，必须缩短设备的换装调整时间，以便将生产批量降到最小。设备的快速转换调整是实现均衡化生产最关键、最困难的问题，为此，丰田公司发明并采用了"10分钟内调整法"或"快速换模或快速换产"的设备快速转换调整方法。

(四) 合理布置生产设备

生产工序的合理设计和生产设备的合理布置，是实现"多品种、小批量"均衡化生产的另一个重要基础。

丰田公司改变了传统设备的"机群式"布置方式，采用"U"形单元式布置方法，即按照零件的加工工艺要求，把相互关联的生产作业配置在一起，组成一个加工单元。这种设备布置方式可以简化物流路线、加快物流速度、减少工序之间不必要的在制品储存、减少运送工作量、降低运输成本，为"多品种、小批量"频繁运送和单件生产传送提供了基础。

(五) 作业人员多能化

采用"U"形单元式的设备布置方法，要求作业人员具备多种技能，能够胜任多种作业，多技能的人员素质是JIT顺利实施的必要条件。企业必须对员工进行培训，提高其素质与能力。

(六) 标准化作业

标准化作业是实现均衡化生产和单件生产、单件传送的又一重要前提。

丰田的标准化作业，是指在标准周期时间内，把每一位多技能工作人员所承担的多种作业程序化或标准化。丰田公司的标准化作业，主要包括三个内容，即：①标准周期时间；②标准作业顺序；③标准在制品存量。

根据标准化作业的要求，所有作业人员都必须在标准周期时间内完成单位制品所需要的全部加工作业，并以此为基础，对作业人员进行训练和对工序进行改善。

(七) 全面质量管理

以确保零部件和在制品的质量完美和零缺陷的全面质量管理，是适时生产方式的又一个重要支撑。

全面质量管理迫使生产过程中的每一道工序必须产出质量合格的制品，从而使在质量形成过程中的"最基本单元"对质量提供可靠的保证。丰田一直信守"优质产品不是检查出来的,而是生产制造出来的"这一理念。强行逐步减少生产系统中的零部件在制品储备,从而迫使现场改善,强迫提高零部件制品的质量。

"第一次就做好"的质量保证了,就可以免除产品检查、次品返工废品处置、顾客索赔等成本费用支出。同样多的生产要素就可以产生更多的效益,生产效率就会大大提高。质量的提高,有助于杜绝浪费和降低成本。

JIT 与 MRP II 有以下区别与联系。

(1) MRP II 是美国人提出的适用于大批量生产的管理模式和方法,而 JIT 是由日本人发明的适用于精益生产的管理技术。

(2) JIT 追求尽善尽美,如追求零废品率、零库存,可以这样说,JIT 的目标是一种理想境界,是一种哲理。

在处理 MRP II 和 JIT 两个不同的理论体系方面,正确的态度是将两者结合起来,依靠 MRP II 奠定基础,逐步达到 JIT 水平。

【任务思考】

1. 企业资源计划(ERP)有没有体现利益共同体思想?
2. 你对 ERP 沙盘模拟经营中的 ERP 思想的理解有没有提升?
3. 谈谈创新对一个企业、一个民族的重要性。

【任务评价】

本学习任务的评价清单如表5-9所示。

表5-9　实施生产过程的计划管理任务评价

学习任务	实施生产过程的计划管理
学习目标	理解综合生产计划、主生产计划、物料需求计划、生产能力之间的联系，很好地理解并掌握ERP的思想，确立利益共同体的观念
学习结果描述	1.简述企业制造计划的内容。 2.描述企业资源计划的思想。 3.谈谈"敏捷制造"的核心思想。 4.思政元素：查看并阅读习近平总书记对创新的论述。
学习反思	
学习评价	自评：　　　　　　互评：　　　　　　教师评价：

【小结】

本模块的学习内容主要有：解读企业经营的本质、管理企业现金流和实施生产过程计划管理三部分内容。通过对本模块的学习，学生能够将模拟经营过程中的经验上升到理论的高度，并形成系统的理论思维，对于学生理性思维的提升有很大的帮助，也为后续专业课程的学习打下了良好基础，同时还促进学生职业素质的提升。

【学习随笔】

第_____周　　　　周_____

附录　ERP 沙盘模拟经营规则导入

一、经营规则导入

安装了 ERP 沙盘模拟经营商战系统后，桌面显示有"新道新商战沙盘系统方案制作工具"，单击如附录图 1 所示的"规则工具"按钮，进入如附录图 2 所示的"规划方案制作工具"界面。

附录图 1　"规则工具"按钮

同样，在"产品组成"中，选中要生产的产品，在"所需产品"和"原材料"中选择配料及数量，单击"修改"按钮完成产品构成设置，如附录图 3 所示。

如果要去掉 P5 产品，选中 P5，单击右键，在弹出的快捷菜单中，选择"删除此记录"命令。

如果同一产品需要多种原材料，则选中产品和原材料后，单击"添加"按钮即可。

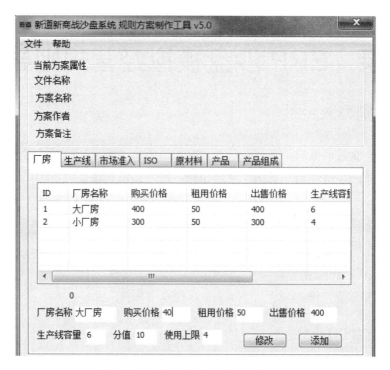

附录图2 "规则方案制作工具"界面

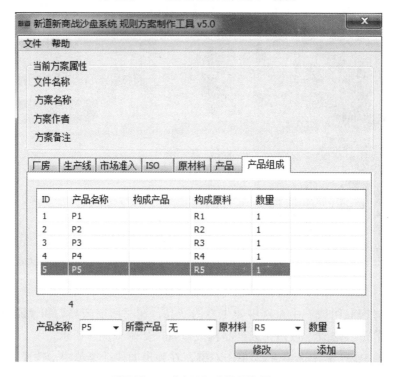

附录图3 "产品组合设置"界面

附录　ERP 沙盘模拟经营规则导入

修改完成后，单击右上角的关闭按钮，再单击"是"按钮，则出现如附录图 4 所示的"创建新方案"界面，输入方案名称，单击"确认"按钮，规则保存在系统中。

附录图 4　"创建新方案"界面

二、订单规则导入

单击"新道新商战沙盘系统方案制作工具"，单击"订单工具"按钮，如附录图 5 所示，进入如附录图 6 所示的订单工具界面。

附录图 5　"订单工具"界面

(1) 单击右下角"操作"中的"添加订单年份"按钮，分别添加第 2、3、4、5、6 年经营年份。

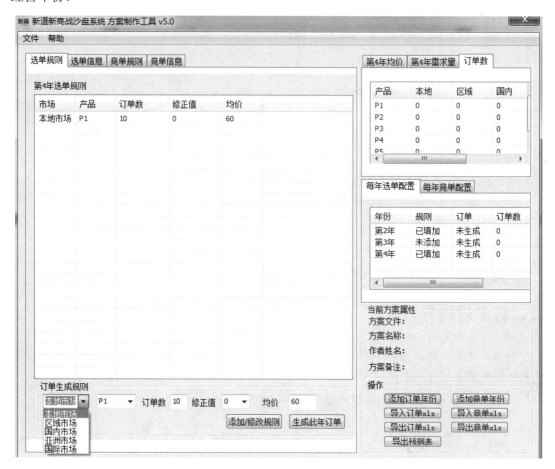

附录图 6　"订单编辑"界面

(2) 选中"每年选单配置"下的年份(比如第 2 年)，然后在左下方"订单生成规则"的下拉列表中，选择相关的市场和产品，输入相关数值，编辑该年份各市场各产品规则，单击"添加/修改规则"按钮。各市场各产品的规则添加完后，单击"生成此年订单"按钮，系统自动编制订单。

(3) 但是很多订单不符合实际经营，比如五个产品，第一季度交货。所以需要手动修改。在如附录图 7 所示界面的"选单信息"选项卡中查看并选择要手动修改的订单。选中要修改的订单后，在"订单操作区"进行修改。单击"修改订单"按钮进行订单编辑，也可以单击"添加订单"按钮手动增加订单。

全部订单编制完成后，单击右上角的"关闭"按钮，再单击"是"按钮，则出现如附录图 8 所示的"创建新方案"界面，输入方案名称，单击"确认"按钮，规则保存在系统中。

附录　ERP 沙盘模拟经营规则导入

附录图 7　手动修改订单

附录图 8　"创建新方案"界面

参 考 文 献

[1] 何万能. 用友 ERP 沙盘模拟经营[M]. 北京：人民邮电出版社，2015.
[2] 何先华. ERP 沙盘实用教程[M]. 武汉：华中师范大学出版社，2012.
[3] 何晓岚. ERP 沙盘模拟经营实用教材[M]. 北京：北京航空航天大学出版社，2012.
[4] 王虹英，王书果. 创业者 ERP 沙盘模拟经营[M]. 北京：中国人民大学出版社，2016.
[5] 闫笑非. 企业管理概论[M]. 北京：中国人民大学出版社，2018.
[6] 董博欣. 企业资金管理[M]. 北京：电子工业出版社，2015.
[7] 钱力，胡能武. 企业盈利关键点[M]. 北京：北京联合出版公司，2019.